세븐 스플릿 : 마법의 계좌 분할 주식 투자 전략

社畜翻身投資筆記

報酬率32%！
靠獨創資金7分法滾出1.5億，
不怕漲跌、不會賠錢，邁向財務自由

朴成賢 (박성현)——著

徐若英——譯

目錄

增修版特別序 實效驗證投資收益的升級版
「資金七分法」 009
初版序 只要照做就能獲利的投資心法,
真的有這種方法嗎? 015

第1章　投資的開始,通往財務自由之路
資本主義社會裡式微的勞動主義　020
從股票投資到房地產投資　021
股票投資可能會害了你　024
本性難移　029

第2章　賭場旁邊的證券交易所
賭博其實不簡單　034
新手小白的好運和對回本的懸念　037
下注時應該拋開的雜念　040
全力以赴的賭徒,全力以赴的投資人　044
失敗也是投資的好機會　047

低波動性意味著高頻率的交易　051
加碼攤平？分批買進！　056
分批交易的七個投資帳戶　060
我確實做到分散投資了嗎？　064
投資祕訣？沒有這種東西！　067
複利的魔力就像滾雪球，放越久賺越多　072
低報酬率也能成就高收益　075
能戰勝莊家的玩家心理素質　079
在賭場上贏錢的唯一方法　082
精明的你能得到的東西　086
滿載而歸，或是滿盤皆輸？　090
巴菲特說「是時候收手了」　093
不用擔心被三振出局的投資規則　097
隨著時間「消融」的錢　100
一樣的遊戲，不同的勝率　104
是黃金槓桿，還是壞槓桿？　107

第3章　挑選一支好股票

從賭博領會量化投資　114
不懂怎麼做量化沒關係，至少要懂得怎麼挑選股票　117
KOSPI 和 KOSDAQ，選哪一個好？　120

你有多少資本？ 121

股價高就代表大公司？ 125

從保證金率判斷一家公司的價值 128

不是所有的獲利都一樣 131

投資的獲利有多少？ 本益比（Price to Earnings Ratio, PER） 133

企業破產也能拿回的資金
股價淨值比（Price to Book Value Ratio, PBR） 137

銷售額大的公司與銷售額成長的公司
股價營收比（Price to Sales Ratio, PSR） 140

錢要入袋才安全 股價現金流量比（Price to Cash Flow Ratio, PCR） 142

被低估的企業與應該被高估的企業
本益成長比（Price Earnings to Growth Ratio, PEG） 145

這家公司的利潤合理嗎？ 股東權益報酬率（Return on Equity, ROE） 149

公司也需要槓桿效益 資產報酬率（Return on Assets, ROA） 152

體質好的公司不怕股價下跌 與52週低點的比較率 154

不惜負債也要硬拚的公司 負債比率 158

現金比房地產好用的理由 流動比率 162

只要是配息股，買就對了？ 配息股 166

你買的股票，我也想買 外資持股比例 169

比股價圖表更重要 財務報表 170

人事部金副理推薦的兩檔股票 172

你好像很有潛力，但是我對你不了解 174

你看見的一切不一定就是全部　176
我要投資的是什麼樣的公司？　178
我想投資的公司是做什麼的？　179
我想投資的公司能賺多少錢？　182
避免虧損的安全股票檢查清單　184

第 4 章　戰勝大盤的投資策略

投資的價值　188
玩家眼中原則性的遊戲　191
跟著操作價值投資，或是模仿就好　194
比活著更困難的事　197
便宜的東西和淪為廉價的東西　202
股市旺季　204
明明很可怕卻不准害怕？恐怖的「關鍵 10 分鐘」　207
不受騙的方法？努力不上當！　209
投資股票該不該說出口？　214
利潤規模和報酬的多寡，哪個比較重要？　216

第 5 章　實用七分法投資策略

七分法的投資七守則 「Mr. Market 市場先生」也甘拜下風的「投資先生 APP」　222

原則 1 長期投資帳戶的投資比例必須維持在 40% 以上　225
原則 2 不使用槓桿效應（信用貸款、融資交易）　226
原則 3 長期投資帳戶的目標報酬率必須設定在 10% 以上　228
原則 4 個股的初始買進金額必須限制在該帳戶投資資產的 5% 以內　229
原則 5 當前帳戶的股票投資虧損率超過 3% 時才可以追加買進　230
原則 6 追加買進的金額必須與初始買進金額一致　231
原則 7 不設定停損點　234
由七分法自動掌控的幾件事　235

第 6 章　七分法再進化

首次公開投資績效　240
公開投資的歷年表現　244
個股投資案例分析 1：三星電子特別股　249
個股投資案例分析 2：浦項製鐵國際　257
應用七分法的投資標的　262
「七分法」的魔法　266
公開投資操作比回測數據更有說服力　272

附錄　「七分法」Q&A　277

增修版特別序
實效驗證投資收益的升級版「資金七分法」

　　本書的前作《一箭七鵰，新手最佳股票策略》於2020年10月出版。過去十七年來，我在股票上的投資總是一次又一次失利。儘管如此，從這樣的過程中，我發覺到即使不是什麼投資專家或高手，「很一般又平凡的普通人」也一樣能夠經由投資股票來創造穩定的收入。後來我在某個投資論壇上，時常分享自己在這方面奇蹟似的體驗，而那些分享文章也在偶然的機緣下集結成為我的第一本著作。

　　三年後的現在，那些投資方法以「七分法」為名，促成更多人持續創造屬於他們的成功。說穿了，其實就是再簡單不過的「分批買進，分批賣出的投資法」，而這個方法居然讓許多人擁有「不再恐懼的安全投資」，這是連我自己都始料未及的。

作品出版以來，我經歷了更多不一樣的事，隨之而來的是很多事情都變得不同了，也有了更多我想和大眾分享的經驗。修訂自己第一本著作的內容，並且加入詳盡介紹投入三年時間，公開投資實績的第 6 章，正是來自於和大家分享經驗的想法。

你覺得投資股票是一件痛苦的事嗎？

痛苦雖然是一個問題，但完全不這麼覺得也是一個問題。

痛感會讓我們在感受到「啊，好痛！」的同時，瞬間把手縮回來，但如果是感受不到的痛覺，不但無法即使因應，還可能導致嚴重燙傷，甚至因而失去雙手。從這個觀點來看，痛覺扮演著保護我們身體的角色。

在投資的世界裡，痛苦和苦難也能發揮防止更大的傷害或風險的作用。當我們損失金錢時會感到痛苦，金額越大，這種痛苦就越沉重，甚至可以和被刀割傷的身體疼痛，或是失去所愛之人的精神痛苦相比。這意味著，當我們在損失金錢時所感受到的痛苦，可能是為了防止我們遭

受更嚴重的投資失敗。

　　但是被高溫物體燙傷或被刀割傷之後，如果還是重複做出同樣粗心的行為，不但無法停止痛苦，也只是在增加新的傷口。同樣地，如果在投資中經歷了損失金錢的痛苦，就應該分析失敗的原因，努力避免重複相同的錯誤。很多時候，如果在投資中遭遇金錢損失慘重的痛苦，往往不是因為粗心，而是因為貪婪的緣故。

　　綜合以上的面向，可以得出一個非常清晰明確的結論。投資過程中的貪婪必然會伴隨著痛苦，這是一種因果關係。輕微的痛苦能夠保護我們的身體，但是劇烈而持續的痛苦本身，就是一種會破壞我們身心的疾病。同樣地，輕微的投資損失可以是經過不斷地改進，作為獲取更大收益的養分，但如果是無法承受的損失，這個投資本身就是一場「失敗的投資」。

　　分批買進和分批賣出的方法，可能無法做到人們所謂的「發大財」，但是我們可以透過低買來彌補先前高買的錯誤，然後以高賣的方式來彌補先前低賣的失誤，這樣就能將投資的損失控制在自己能承受的範圍內，最大限度地降低投資造成的痛苦。

吃太多可能會造成腸胃不適，如果這個過程一再發生，最後會是造成肥胖等萬病的根源。同樣地，過度的欲望一開始可能只是造成幾次少數的投資失利，但是如果失敗的情況一直重複出現，只會讓人萌生放棄投資的念頭，最終就是為了生活，只能不停地工作，直到死亡為止。

才投資一個月就僥倖賺到 1,000 萬韓元（約新臺幣 25 萬元）的人，也可能一個月就損失 1,000 萬韓元。但是，曾有投資一個月賺進 1 萬韓元（約新臺幣 250 元）經驗的人，下一次就會知道怎麼賺進 10 萬韓元（約新臺幣 2,500 元），繼續累積這些經驗之下賺進 100 萬韓元（約新臺幣 2 萬 5,000 元），再下一次就能賺進 1,000 萬韓元了。

雖然資金大，賺取的獲利才會可觀，但是只有從小額投資累積成功經驗的投資人，才有可能在投入大額資金時成功，因此不應該抱持著以為可以略過這個過程，想要一步登天的貪婪念頭。

覺得投資股票很麻煩？

有道是：「結果固然重要，過程也很重要。」把這句

話放在投資界也一樣有道理。

可能有人會認為，不管是什麼方法，只要賺錢就好，但投資是無法預測的領域，不可能永遠都是理想的結果。我的意思是，也要有面對壞結果的心理準備。

一般來說，投資是越能承受不安與恐懼，就越有機會賺大錢的機制。如果說結果是視忍耐的程度而定，那麼成功的投資就是努力的人們應得的犒賞。但是，事實上只有少數運氣好的人才能嘗到這甜美的果實，所以努力鑽研行情、努力忍耐不安與恐懼，就變得不那麼有說服力。我們無法預知結果，但是如果連過程都讓人望而卻步，就更遑論持之以恆了。

如果努力地運動就能變得苗條又健康，即使這個結果是可以保證的，卻因為麻煩和辛苦的過程而輕易放棄是人類的天性。因此，在完全沒有人能保證結果的情況下，要人們「持續」地承受過程既辛苦又困難的「投資」，幾乎是不可能的事。成功一、兩次是僥倖，但是不可能每一次都成功。

我個人傾向於追求「不虧損的安全投資」。「不虧損」這句話，意味著我進行投資的「目的」。儘管無法預測結

果，但是我希望能避免最壞的情況發生，如果運氣不錯，或許還能得到超出預期的獲利。

而「安全」這個詞彙同時包含「舒適」的意義，不是要對抗市場的巨浪，忍受不安與痛苦，而是試著從事能夠享受過程的結構性投資。雖然結果無法預測，但還是存在著在投資過程中不至於感到恐慌不安的方法，而僅僅是「下跌時分批買進，上漲時分批賣出」，就完全可以實現這個訴求。

投資的過程決定了「你是金錢的奴隸，還是讓金錢成為你的奴隸」。如果因為心繫剛買的股票價格或匯率，導致工作、吃飯、休息都無法放下手機的話，金錢就不是為我工作的奴隸，而是成為支配我的思維和精神、奴役我的主人了，並且最終也不會有美好的結局。

在此，我想推薦「七分法」給那些希望能夠擺脫被金錢奴役的日子、想要駕馭金錢，並且希望可以安心地長遠走在投資道路上的朋友們。

2024 年 3 月
朴成賢

初版序
只要照做就能獲利的投資心法，真的有這種方法嗎？

　　過去有十七年的時間，我投資股票損失慘重，虧損很多錢，當時的自己只覺得「投資股票根本是在賭博」。後來我在賭場真正意識到賭博的本質後，才明白原來這種想法是錯誤的。

　　在資本主義的社會裡，成為一個資本家最輕鬆簡單的方法就是投資股票。不過，投資股票常常被誤解是在賭博。原因很簡單，因為人們操作股票的方式就像是在「賭博」。換句話說，有問題的不是投資股票，而是投資股票的人。

　　我努力嘗試正確地「投資」，而不是「賭博」，並且開始體悟到屬於自己的祕訣。我希望能把這個祕訣傳授給自己的四個孩子，這正是促使我完成本書的契機。

「做」股票投資和「做好」股票投資之間，其實存在著極大的差異，甚至也有人認為「大腦的構造本來就不利於人類做股票投資」。不僅如此，人類對金錢無止境的渴望，也是股票投資上的一大障礙。投資股票二十年，當中有十七年的時間裡，我一直是「新手投資人」，只有投資小白的水準。對於我這種只有平凡的頭腦和人類平庸欲望的人來說，有這樣的資質是很正常的事。

為了擺脫投資小白的處境，首先我決定要身體力行「本性難移」這句話。為了在不改變自我本性的情況下，順利地投資股票，我需要某種預警或警示機制來自我牽制，而「七分法（七個子帳戶交易）股票投資系統」正是這個想法下的產物。

開始落實自我牽制的機制以來，我非但沒有強迫自己改變，居然還意想不到地發生終於能穩定操作股票投資的奇蹟。只是在股票的投資上，「交易方式」不過是一種工具。說到底，如果沒有先「投資好的公司」，任何的「交易祕訣」也都會無用武之地。

於是，我便自然而然地展開下一步：「找出值得投資的好公司」，然後便意識到一件事。如同一個打了幾十年

的高爾夫球,卻還是分不清發球桿和鐵桿的傻瓜,我發現自己其實對股票投資根本就一無所知。

PER、PBR、PSR、PCR、PEG、ROE及ROA,我是在對這些最基本的財務指標完全沒有概念的情況下,就開始投資股票,也不懂為什麼需要看營業報告書與財務指標。直到我學會如何分析一家公司的好壞,才有能力把「不斷虧損的危險投資」轉變成「不會虧損的安全投資」,然後才能像現在這樣和別人分享個中的祕訣。

我想分享的祕訣其實和那些睿智的投資人,如班傑明‧葛拉漢(Benjamin Graham)、菲利普‧費雪(Philips Fisher)、華倫‧巴菲特(Warren Buffett)及彼得‧林區(Peter Lynch)等投資界的名人,透過「書籍」和讀者們分享的投資做法大同小異。我只是將有利於自身困境的「好方法」學起來,「難以照做的事」就選擇比較容易成功的方法來應對,「很難堅持的事」則靠機制來掌握。

本書主要分為五個部分。第1章介紹理解投資本質的過程,並且探討「股票投資是資本主義社會必要活動」的原因。第2章則是我根據自己在賭場賭博的經驗,說明「必輸無疑的賭場」和「可以安全獲利而不會虧損的股票

投資」兩者之間的區別。只要按照這個模式，通常就能逐漸提高「不輸的機率」。

第 3 章的內容可說是股票投資核心的「挑選好股票的過程」，將不虧損的機率最大化。股票投資的目的並不只是為了不虧損，更是為了獲得有意義的收益。第 4 章將分享透過價值投資，獲取投資成功的經驗。

最後，第 5 章會介紹前面提過的股票投資理論與投資哲學，並且加以「系統化」的「七分法」。即使是一般投資人，如果先行了解並活用這個投資模式，同樣也能避免投資失利，安全地投資股票。

股票的投資手法必定會根據個人的性格、生活環境及投資的喜好而有所不同，因此本書談論的所有觀念都是以「適合自己的方式」為出發點。不過，我向各位保證，實際應用過這個簡單易行的方法後，各位將獲得前所未有的嶄新體驗。

有那種只要照做就能獲利的股票投資方法嗎？有，在這裡！

2020 年 10 月

朴成賢

第 1 章
投資的開始，通往財務自由之路

資本主義社會裡式微的勞動主義

「一毛不花,至少要存二十年的薪水,才有可能在市區買一間公寓。」

大家在財經新聞中,應該至少都看過一次這樣的報導標題。不過,也有人是透過貸款等財務槓桿,或是 Gap 投資[1]這樣的資本主義挑戰,趁著房價上漲前,憑藉自己的本事,成功擁有屬於自己的房子。以「投資行為」來實現無法藉由「勞動」辦到的事,這是因為如今的社會已是比起勞動更重視資本價值的「資本主義社會」,才會有這樣的可能性。

首爾西大門區阿峴洞家具街上,據說那些家具店的老闆有很多都是有錢人。「那裡的家具店老闆一定很會做生意」,這麼想的你就太天真了。經營家具生意,無論是生產或物流,各方面相對需要的場地都比較大。早先為了用來做生意而購置的土地價值飛漲後,他們經由出售部分土

---

1 譯注:Gap 投資是韓國房地產的投資用語,意指自備款與貸款之間的差距,這種投資方式常見於韓國房地產市場。

地而賺到很多錢，這才是讓他們致富的決定性因素。換句話說，與其說是靠著販售家具的本業變得有錢，「無意間」透過房地產投資而致富，才是背後的真相。

在資本主義社會裡，賺錢的是資本家。想成為資本家就必須經營公司，但「管理一家公司」對多數人而言是「做不到的事」，因為開公司需要資金，而且規模太大。

所幸，人類發明了「股票交易」這種系統，我們即使只有少量的資金也能成為一家公司的股東。假設有100個人想合買100億韓元（約新臺幣2億5,000萬元）的土地，每人只需要拿出1億韓元（約新臺幣250萬元）。價值100億韓元的土地產生的利潤直接歸於土地的所有者，如果你出資1億韓元，就有權獲得1%的收益分配。

投資股票就像投資土地，是一種成為「創造收益公司」老闆的行為，如果你持有公司1%的股票，就有權分得公司1%的利潤。

從股票投資到房地產投資

我從投資房地產賺了不少錢，目前有一半以上的資產

都是來自於房地產投資。不過對我來說，股票投資比房地產投資更有吸引力，因為投資股票的好處勝過投資房地產。

以房地產投資來說，房地產投資往往需要投入大量的資金，交易稅、房產稅等各種稅金也是一筆不小的負擔。變現性也不好，臨時急需現金時很難靈活變現，而股票投資卻可以用少量的資金操作，與房地產投資的稅金相比，稅制簡單、稅額也不重，股票交割後兩天內就會快速入帳的變現性[2]，到這裡，我想應該可以省略進一步的解說了。

其實可以透過股票投資來實現像房地產這樣高門檻的投資，就是把資金用來投資持有大量有價房地產資產的公司。一般來說，公司體制持有的資金會多於個人，而上市公司管理的資金規模也大於一般公司。房地產投資往往需要大量的資金，因此對企業來說，這方面的投資必定比個人更具優勢。換句話說，投資擁有十棟房地產的公司，可能會比你自己花錢購置十棟房地產來得更為有利。

某些公司甚至會把一棟實際的交易金額為 50 億韓元（約新臺幣 1 億 2,500 萬元）的房產以二十年前的市值 10

2　譯注：這是韓國股市特性，臺灣股票則為交割後三天內入帳。

億韓元（約新臺幣2,500萬元）記錄在帳面上。假使一家公司擁有十棟這樣的房產，實際交易金額為500億韓元（約新臺幣12億5,000萬元），但是帳面記錄的總市值為100億韓元，有什麼理由不買這家公司的股票呢？只是這家公司的實際資產為500億韓元，但公司的帳面紀錄卻是100億韓元，按照常理來說，這是非常令人費解的現象。

首爾永登浦區「時代廣場」的持有者「京邦」不動產公司，該公司的資產截至2018年2月不動產資產達7,000億韓元（約新臺幣175億元）（僅土地，不包括建築物）；根據2023年11月的資料顯示，京邦不動產公司市值2,371億韓元（約新臺幣59億2,750萬元）。根據計算，假使以2,371億韓元收購整個京邦不動產公司的業務，並出售名下所有的土地，立刻就能獲取大約4,629億韓元（約新臺幣115億7,250萬元）的價差收益。當然這當中還可能存在稅金、債務等各種變數，但無可否認的是，京邦不動產公司是一個非比尋常的例子。

造成這種現象的原因之一，是經營權的繼承問題。對於必須依法規繳納遺產稅的大股東而言，股價上漲導致市價增加並非好事。價值投資最基本的概念是「股價最終會

趨近於公司的內在價值」。根據這個概念，無論是遺產稅或大股東的道德問題，即使需要漫長的時間，公司的股價最終還是會朝著更接近其資產價值的方向發展。

資產不多，但是憑藉優質的產品和服務可預期穩定獲利的公司，以及雖然主力事業走下坡，但長期累積大量的資產，且持有的不動產資產價值不斷提高的公司，儘管每家公司都有自己的問題，卻還是都有值得投資的理由。

股票投資可能會害了你

世界上有很多說法都令人匪夷所思，好比「不按時吃飯有害身體健康」、「睡覺時不要吹電風扇，因為你可能會再也醒不過來」之類的話。

關於飲食或是電風扇使用上的錯誤認知，不至於會對我們的生活造成多大的影響，但認為投資股票就是在賭博，所以很危險，容易賠錢，絕對不能碰，這種偏差的認知就會有很大的問題了。因為就像我在前面提到的，如今我們是生活在資本家比勞工階層更具優勢的資本主義社會裡。

這就像是因為害怕發生車禍，所以寧可走路而不開車。多數的交通意外都是因為駕駛人的疏忽造成的，例如超速或闖紅燈。換句話說，有問題的並不是交通工具，而是駕駛人。

隨機且不可預測的事件，都可以用來賭博。你大可在熱鬧的明洞街頭地上畫一個圈，然後打賭會不會剛好有個頭戴紅色帽子的人一腳踩進去，或者打賭明天會不會下雨。我想要表達的是，路人帽子的顏色或天氣都可以是賭博的標的，但是這些物件或狀況的性質卻不是所謂的賭博。

股票的漲跌是幾乎無法預測的事件，所以容易被當成賭博，例如打賭「明天的綜合股價指數漲幅可能會超過1%」。而且證券市場精妙又十分便利的交易系統是，只要你選對了，就會支付相應的報酬，可以說是具備作為賭博性質的必要條件，也就是有一套明確的「賭博架構」。

透過賭博性質強烈的工具，也就是使用股票交易系統進行非博弈性的投資行為，從某種角度來說是十分高難度的事。正因如此，我開始思索如何將這個具有強烈賭博意味的系統轉變成適合投資的系統，經過一番深思熟慮，我嘗試將帳戶一分為二。我設計了一個結構，第一個帳戶專

門用於長期投資，第二個帳戶則專門用於短期交易。

實際結果是，操作第一個帳戶時經常顯現的短期獲利欲望和需求，能從第二個帳戶獲得填補，第二個短期交易帳戶錯過的長期投資效益，則會在第一個帳戶中得到補償。

只是把股票交易帳戶一分為二來操作的簡單改變，居然就降低了一定程度上的博弈風險。這是一個令人欣喜的發現，於是我分析這種方式是否同樣有助於提高報酬率。

情況 1「單一帳戶：一次買進並持有」。常見於投資新手的交易方式，是一種首次買進時就投入全部資金的方式。假設首次買進後，經過股價下跌 10%，上漲 10%，再下跌 10%，接著又上漲 10% 的過程，這時報酬率為 –2%。看到股價持續在 10% 之間上下游移，就以為股價會回歸理想狀態，這種想法通常是不了解股票複利機制的新手常犯的錯誤。其實，這是沒有遵守分批買進的簡單準則所付出的代價。

情況 2「單一帳戶：分批買進並持有」。這是一般常見的分批買進方式。儘管能發揮降低平均股價的作用，但是反彈時並未將獲利實現，最後只能得到 3.5% 的收益。

情況 3「分割帳戶：分批買進與賣出」。這是比較不一

情況 1——單一帳戶:一次買進並持有

帳戶	初始投資	10%下跌	10%上漲	10%下跌	10%上漲
首次買進	200(買進)	180	198	178	196
結餘		180	198	178	196
獲利		-10.0%	-1.0%	-10.9%	-2.0%

情況 2——單一帳戶:分批買進並持有

帳戶	初始投資	10%下跌	10%上漲	10%下跌	10%上漲
首次買進	100(買進)	90	99	89	98
第二次買進		100(買進)	110	99	109
結餘		190	209	188	207
獲利		-5.0%	4.5%	-6.0%	3.5%

情況 3——分割帳戶:分批買進與賣出

帳戶	初始投資	10%下跌	10%上漲	10%下跌	10%上漲
1號帳戶——首次買進	100(買進)	90	99	89	98
2號帳戶——首次買賣		100(買進)	110(賣出)		
2號帳戶——第二次買進				110(買進)	121
結餘		190	209	199	219
獲利		-5.0%	4.5%	-0.5%	9.5%

樣的做法,主要是以把帳戶一分為二的方式進行投資。

當1號帳戶買進後,股價下跌到10%時,該著手進行

2號帳戶的首次買進了。然後等股價第一次上漲10%時，可以賣掉2號帳戶裡首次買進的股票獲利；當股票第二次下跌10%，這時候要準備用2號帳戶進行第二次買進。以這樣的操作模式，相較於在沒有賣出股票的情況下，情況1的報酬率大約是–10.9%，情況2的報酬率大約是–6.0%，此時情況3的報酬率大約為–0.5%。

當股價第二次上漲10%時，就實現了9.5%的報酬率，遠高於情況1的–2.0%和情況2的3.5%報酬率。1號帳戶用於長期投資、2號帳戶操作短期交易的結果，在持續重複這種模式的情況下，呈現穩定現金流的效果。

這種現象不適用於股票持續上漲的情形，但是對於「股價下跌」經驗豐富的投資人而言，應該是值得一試的投資方法。

如果要讓這個方法更趨於完善，可以把系統設計得更為精細。例如，另外設定一些長期投資用的股票，達到特定期間或達到目標報酬率之前絕不賣出（這是我實際運用的投資方法）。

有時候，股價持續下跌的結果是該公司下市。所以，投資「有內在價值的股票」是非常重要的一點。至於該如

何選擇股票，我會在後面章節具體探討。

我實際測試在前面提到的「帳戶分割法」後，結果發現即使是具有強烈博弈性質的股票交易系統，只要按照我的投資傾向和交易模式進行調整，就能大幅降低風險。這個發現成為我在股票投資中能大幅降低陣亡可能性的投資系統，也就是將在之後章節提出的「七分法」基本概念。

本性難移

俗話說：「本性難移。」這句話我只同意一半，因為我認為這個世界上有些事情是靠努力就能達成，而有些事情則不然。以股票投資來說，讀一本好書和好文章就能改變自己的投資理念，我自己就曾經歷這樣的「修復」過程，更見證過許多人透過學習而改變。

不過，仍然有我們無論如何也難以改變的事，就是「投資心態」。就像「切忌一喜一悲」的投資格言，說來容易，做來難。能有多少人在得到豐厚的收益時不因此雀躍，又有多少人在損失慘重時不因此痛苦不堪？吃了食物會有飽足感、被打會覺得痛，這是人類的本能，我們無法

控制自如。

關於這一點,我的結論是,股票投資沒有 100% 的保證,而隨著股價的波動一喜一悲的心情,同樣是投資人無法控制的情感領域。因此,控制這種情況的唯一可行方法,便是導入「系統化」。

不喜歡飽足的感覺就要限制飲食,因為飽足的感覺本身不會自動消失;不想受傷就要避開危險,因為疼痛是難以忍受的感受,而這樣的想法便是促使我研發出這套投資系統的出發點。

「不要整天只想著股價」,有些想法並不是我們自己所能控制的,不過我們可以把這句話解讀為「適度的投資」。「不要喝酒」很難做到,但是遵守「適量飲酒」的原則就比較有可能;同樣地,「長期投資」很難堅持,但是「一半的錢拿去長期投資,另一半的錢隨時用來獲利」的基準和原則,卻有助於改善錯誤的投資習慣。

以七個帳戶進行投資,正是這樣的想法促使我研發出這套名為「七分法」的投資方法。運用多個帳戶分別投資,某帳戶用於按照既定的價值投資標準投資,其他帳戶就忠於人類原始的欲望投資,如同設定鬧鐘一樣,擔心自己可

能起不了床時，就會藉助鬧鐘的做法。

　　我並不是要主張「建立原則並嚴格遵守」。制定原則很容易，但是要做到就太難了，更重要的是，需要建立一個不得不強制遵守原則的系統。當你每天早上在鬧鐘的吵雜聲中，固定 6 點起床時，之後即使在沒有鬧鐘的提醒下，你也會習慣在時間到了就自動醒來，這就是藉助系統養成的生活習慣。

　　想要建立正確的投資習慣，光靠原則或意志力是不夠的，更需要一套適合個人投資傾向和標準的警戒機制，也就是需要一套有效率的系統。

第 2 章
賭場旁邊的
證券交易所

賭博其實不簡單

過去我認為可以靠賭博來賺錢,並且確實成功了,讓身邊有許多人都覺得不可思議。一般人對於「賭博」二字,立刻聯想到的詞彙不外乎是「遊手好閒」、「賭博成癮」、「失敗者」諸如此類的負面用語,而我在那樣一個危機四伏的賭局中卻是滿載而歸。我能像這樣把賭博昇華為理財工具,靠的就是付出血汗的研究和努力。

只不過有一點遺憾的是,賭博的報酬率並不高。考量到投入的時間和精力,以及賭博的代表性特徵——「風險」,關於一場賭局的報酬率,我只有一句話,就是「實在不怎麼樣」。

我能靠賭博賺錢的祕訣在於風險管理,除了透過小額投注來穩定操盤外,同時運用機率系統分析局勢,而不是憑藉運氣,我為自己證明了賭博也可以是一種投資形式。不過,由於我的遊戲方式是把賭博的本質「高風險、高報酬」變成「低風險、低報酬」的反轉概念,在提高獲利的規模上有著無法突破的限制。

最終我還是未能克服損益平衡的問題,賭徒之路也蒙

上陰影。我意識到靠著賭博賺錢的希望越來越渺茫,便開始尋求可以將自己在賭場上歷經辛苦體驗得來的遊戲與投注技巧,加以學以致用的其他可能。

幸好世界上有許多性質與賭博相近的事物,房地產、競標、股票、債券、匯率等,世界上充斥著具有「透過投入資金追求獲利」共同點的行為。而那些人們所謂的「投資」或「投機」的事物,有一天忽然闖進我的視野,從此我便開始像研究賭博那樣,狂熱地研究所有的可能性,最後得到一個結論:

「相較之下,原來賭博才是最不簡單的手段。」

在我這種做過世上風險最大的投資——「賭博」的人眼裡,無論是房地產還是股票,看起來都是十分安全的投資標的。如果賭博是閉著眼睛在荊棘叢生的路上徘徊,那麼投資股票就像是駕駛一輛配備尖端導航系統的賓士車,在平坦的高速公路上奔馳。

在賭桌上,如果你用 10 萬韓元下注,只需要幾秒,結果就會揭曉,沒有絲毫可以猶豫的空間,輸贏已定。可是,花費 10 萬韓元買來的股票就不一樣了。當然,除了買進有價值公司的股票是必要前提外,與賭博相比,股票

具有很大的穩定性。

　　我想著「自己都能從風險那麼高的賭桌上贏錢了，更何況股票這麼安全，怎麼可能會賠錢呢？」俗話說：「即使進入虎穴，只要保持警覺，照樣能活著出來。」這句話同樣適用於賭博。我既然能活著逃出虎穴，就沒有理由不能活著走出兔穴。更進一步地說，我覺得把自己活著逃出虎穴的祕訣，傳授給在兔穴裡徘徊的人，應該會是一件很有意義的事。

　　過去我對投資還沒有任何想法時，在股票投資上虧損了一大筆錢。那時候我對自己發誓，絕對不會再碰像賭博一樣可怕的股票了，而且我也真的有好幾年都不再投資股票。諷刺的是，就在那時候我接觸了「真正的賭博」。

　　信誓旦旦地說不會再碰股票，轉身卻開始賭博，就像說打算戒酒，轉身卻開始吸毒一樣令人傻眼。後來，我終於能理解說喝酒會誤事的人卻不得不吸毒的理由，現在的自己總算能以正確心態享受飲酒的樂趣了。

新手小白的好運和對回本的懸念

如果你曾經有過覺得有趣，或是在好奇心的驅使下，而走進賭場，體驗「新手的好運」的經驗，其實那是「悲劇的開始」。當你興致勃勃地從口袋掏出 1 萬韓元下注，很幸運的轉眼間變成 5 萬韓元（約新臺幣 1,250 元），然後又翻倍變成 10 萬韓元，那一瞬間，「我在這方面是不是有著連自己都沒發覺的天分？」一旦浮現這種錯覺，這一刻的你便等於一腳踏進賭博的暗黑誘惑。

賭場是一個大方允許新手小白來試手氣的地方，同時也絕不會輕易放過已經進入虎口的菜鳥。嘗到短短幾個小時內，用 1 萬韓元贏得 10 萬韓元奇蹟的菜鳥，往往會在這時候不自覺地陷入「如果我剛才是下注 100 萬韓元，現在不就贏到 1,000 萬韓元了？」沉浸在平時敬而遠之的數學是如此奧妙的神奇中。只是往往到了最後，不但會賠光全部的財產，很可能連手腳都要奉送給賭場。

新手小白的這種好運，其實不只會發生在賭場裡。「聽說人事部門的同事炒股票賺了 1,000 萬韓元！」聽見同事這麼說，「那個看起來忠厚老實的金副理居然靠股票賺

了1,000萬韓元？那我也不能閒著。」於是你也開立了一個股票帳戶。

通常第一次投資的資金適合設定在100萬韓元以內，因為10萬韓元太少，但是1,000萬韓元又太多。我自己本身也是在開立第一個股票帳戶那天，先存了一筆100萬韓元的購股資金到剛開立的帳戶裡，這個動作同時也明確表示，你是在不具任何的期待下投資了股票。不是什麼放了多少錢進去，所以想要拿回多少錢的投資策略，這100萬韓元的資金純粹就是用來買一次投資小額股票的經驗。

一個對自身的投資行為不具任何期待，將重要「資金」投入的人，基本上這個人是絕不可能思考價值投資，或是目標公司的產值分析。不過，股票市場也和賭博世界一樣，永遠張開雙臂竭誠歡迎菜鳥。當你看到股價從100萬韓元增值變成110萬韓元（約新臺幣2萬7,500元）之後，便開始想著「咦？股神巴菲特也不過如此。」又想著「要是我當初投資1,000萬韓元就好了⋯⋯」接著，你開始追加買進，然後悲劇就此開始。

沉迷於賭博的人，擺脫不了賭博泥沼的最大原因是「對回本的懸念」。一個在賭桌上輸掉10億韓元的人，此

時所想的不是贏回 5 億韓元（約新臺幣 1,250 萬元），也不是 20 億韓元（約新臺幣 5,000 萬元），而是失去的 10 億韓元。當被問到什麼時候才要收手時，多數人的回答都是「直到拿回本錢為止」。

不過，多數的情況都要等到這個人死了，或是沒有錢可以繼續下注，一場賭局才會隨之終止。很不幸的是，投資股票時對回本的懸念其實和賭博是一樣的，把股票投資當成賭博來操作的人，最後的下場就和賭博的下場沒有什麼不同。

我思考著要怎麼做，才不會變成別人眼中的「菜鳥」。對像我這種資深菜鳥（當了太久被坑的菜鳥）來說，股票市場奉送給新手小白的好運，從一開始就對我發揮不了什麼作用。

我能在賭場贏錢的祕訣之一，就是堅守不做無謂賭注的大原則。更具體一點的說法是，只用最小額的資金來操控賭注遊戲。在賭場裡，我會專門鎖定可以用最低金額來下注的賭局，然後只投注最低金額。正因如此，我即便贏錢也不至於狂喜，賭輸了也能完全不為所動，也就是自發性地阻斷投資最大的風險，會讓人「精神崩潰」的源頭。

未能贏回更多錢的遺憾和對回本的懸念，會讓人做出無視於經濟狀況的盲目投資，然後投資變成了投機，那些成功的投資人總是口徑一致地建議人們「只用閒錢投資」的原因就在這裡。你必須對小額的獲利知足，並且在累積足夠的投資經驗之前，先考量自身的經濟狀況，然後拿出無所謂能否回本的閒錢去投資。

　　我是一個投資 100 萬韓元，即使只賺到 1 萬韓元也能感到滿足的人，或許有人會認為我很失敗，覺得這根本不是在投資。不過，各位不妨想想。假使我把這 100 萬韓元拿去做年利率 3% 的定存，每個月的利息不過是 2,000 韓元（約新臺幣 50 元）左右。但是投資股票除了可以賺到定存的 5 倍之外，還不用痴痴地等待一年，只要一個月就賺到了。

下注時應該拋開的雜念

　　賭場裡，除了賭錢外，還有很多事情可以做。在揮金如土、肆意玩樂的氛圍中，賭場不但提供各種免費的飲品，還有華麗的表演供賭客觀賞。儘管如此，真正欣賞表

演的人其實並不多。對沉迷賭博的人來說,再華麗的表演都不是他們最在意的事。

賭博的人之所以會上癮,是因為他們對金錢的執著,而不是喜歡這個遊戲。沒有分紅的賽馬、沒有獎金的彩券、沒有賭注的Go-Stop[3],對他們來說,像這種沒錢可賺的遊戲可能都是無聊的事。對他們而言,對金錢的渴望才是樂趣,這種欲望的強大力量能讓任何著名的表演或精彩的舞臺秀,瞬間變得「很無趣」。

對被欲望蒙蔽的人們來說,賭場帶給他們的往往是殘酷又悲慘的下場。當一個人如果沒日沒夜地沉溺於賭博遊戲,體力終於透支的同時,也會導致缺乏判斷力。以自我心理控制決定賭博輸贏的特性而言,這是非常危險的情況。

以賭博維生的賭徒和以賭博為業的職業賭徒,其實通常不會真的長時間靜靜坐在賭桌前守候,他們反而會以欣賞表演之類的方式,一邊放鬆,一邊參與賭局。試想一下,一個上班族不停地工作,完全不休息,和時而享受短暫的休息,然後接著工作之間,兩者在效率上的表現。精

3　譯注:花牌,韓國特有的花札遊戲。

神上隨時承受著莫大壓力的賭博，不用多說，在沒有適度休息的情況下持續著，也不太可能得到理想的結果。

很多投資股票的人都曾表示，投資三星電子、SK海力士等高市值股票，也就是投資大型股，其實並沒有多大的樂趣。因為這些股票的價格波動不大，不太可能在短時間內賺大錢。他們比較喜歡瞄準有趣的小型股或概念股，趁股價最低時買進，然後在最高價時賣出，如此一來，一天就能達到85%的報酬率。

短短幾分鐘內買賣股票的「短期交易」，也是投資股票不可或缺的「有趣」元素，把高波動的概念股拿來做短期交易，自然是歡樂加倍。

賭博絕對是一項有趣的活動，「看神仙下棋太專注，斧柄腐爛未自知」[4]是十分貼切的形容。我認為賭博不只是消遣，更是謀取獲利的一種工具。不過，一個人如果沉迷於賭博的樂趣，意味著對金錢過於執著，就會導致無法有所斬獲。

---

4 譯注：「신선놀음에 도낏자루 썩는 줄 모른다」為韓國諺語，比喻行事全神貫注，聚精會神。

我一向避免在小額的賭注上一下子贏到很多錢，這是自己在整個賭博遊戲過程中保持謹慎判斷的祕訣。當我開始把賭博視為賺錢的手段，而不是娛樂時，我發現這時候的自己會關注舞臺上的表演，因為觀賞表演遠比專注於工作來得輕鬆。

於是，我試著把自己的賭場經驗應用到股票投資上，決定放棄有趣的小型概念股和刺激的短期交易，轉為投資無聊的大型價值股，甚至是更無趣的長期投資。因為我不是為了找樂子才要投資股票，而是為了想要賺錢。

後來發生一件讓我驚喜的事，股價明明下跌了，我卻不為所動；明明上漲了，我還是一樣淡定自若。當然，這個喜悅的背後必須先做到的是，比「投資」還要枯燥百倍的「研究投資」。

想找娛樂，你可以去遊樂園，但如果你想的是如何賺錢，就應該去圖書館。如果想要認真地投資，像「趣味」這種價值微不足道的東西，最好像丟掉舊鞋一樣毫不猶豫地拋棄。

投資股票不是為了趣味，這是為了賺錢而做的事，如果你不把這個純粹而明確的事實當成一回事，一味著眼於

追求樂趣，就只能等到莫大的損失。

全力以赴的賭徒，全力以赴的投資人

提到賭博，通常人們第一個會聯想到的是「梭哈」，梭哈是指把所有的籌碼一次全部下注。當紅韓劇《All In 真愛賭注》的人氣居高不下，想必有許多原本不懂賭博的人現在也都熟知這個名詞了。

贏錢的時候，絕對不能梭哈，梭哈幾乎會輸掉所有賭桌上的籌碼。在確定小額的賭金肯定無法回本的判斷下，人們往往會在情急之下喊梭哈。自信滿滿的老千豪邁地賭上全部的資金，冒著被砍斷手腳的風險喊梭哈，這種場景只會出現在電影情節裡。每個賭徒都知道，賭桌上一切憑運氣。在一場猜單或雙的賭局中，如果奇數連續出現 1,000 次，下一次出現偶數的機率依然是 50%。

在股票投資上，慘澹的情況下投資人 All in 的情形，比起一帆風順時更為常見。即便一開始選擇價值股進行分散投資，一段時間之後，檢視帳戶時就會發現，大部分的資金都「全押」在跌幅最大的一支股票上。當我還是別人

眼中可口的菜鳥時期，也曾興致勃勃地想著要分散投資，然後就挑選十支股票來操作，股票價格一漲就賣掉、下跌就買進，但是很多時候最後往往都只剩下一支股票。

好公司的股價上漲、業績不佳或未來價值低的公司股價下跌，這是理所當然的事。但是股價上漲就獲利了結，股價下跌便不斷加碼，反而增加持股比重，這種逆向操作的行為會讓股市菜鳥的帳戶充滿負數。所謂「摘去花朵，灌溉雜草」，就是用來形容這類逆向操作的行為。

世事上天自有安排，好事會招來另一件好事，但是壞事也會接二連三，最後可能導致更不好的未來。梭哈成功的多數賭徒其實都不會滿足於一次的甜頭，會把好不容易贏來的翻倍資產又全押在下一場賭局上。最後的結果是，到頭來押對寶的菜鳥投資人的股票餘額，和賭徒乾癟的錢包並沒有兩樣。

既然如此，除了全部投入之外還能怎麼做？我認為必須先預防自己被逼進梭哈的死胡同。為了做到這一點，用來投注的錢就必須少於自己的全部資產。

對有能力拿出 1 億韓元投資股票的人而言，拿 100 萬韓元去定存，並不是有意義的分散投資。有效率的投資組

合應該是高風險的標的以小額資金操作，穩定性高的標的則用大額資金操作。

賭博是一項十分高風險的投資標的，所以我設定了一個原則，只能用小於自身的房產或儲蓄的資金來投注。這是基於預防因為賭博而丟了房屋，我甚至開始用數字化來管理賭金。我的設定是在賭場一天最多可以花費的金額不能超過總資產的 1%，一次投注的金額也都要控制在低於總資金的 1% 以下；也就是說，假設我有 1,000 萬韓元的資金，可以在賭場花用的錢，最多就是 1,000 萬韓元的 1%，即 10 萬韓元；可以用來下注的賭金上限則為 10 萬韓元的 1%，即 1,000 韓元（約新臺幣 25 元）。

我在江原樂園的二十一點賭桌上實際採用這個方法，當其他人都下注 10 萬韓元或 20 萬韓元時，我則是無視於眾人的目光，每次都很淡定地下注 1,000 韓元，結果我是牌桌上唯一贏錢的玩家。我之所以敢這樣肆無忌憚地公開談論，可能會被警察找麻煩的賭博經歷，是因為下注金額都在法律允許範圍內。

如同我已經成功地從根源上阻斷自己在賭桌上 All in 的欲望，希望也能夠從根本上預防梭哈的心態。首先，就

像賭博的原則一樣，我同樣設定一道底線，就是「設定每支股票的投資金額上限」。舉例來說，假設設定的金額是1,000萬韓元，以100萬韓元入手的股票在股價下跌的情況下，無論是逢低買進或逢高買進，都不能超過初始設定。投資上限的設定也和我制定的賭博原則一樣，設定在資產的一定比例內，可以說是即使股價下跌也能隨遇而安的一種機制。

從我遵守這個小原則開始，股票帳戶發生出乎意料的變化。雖然分散投資的帳戶在幾個月後還是變成單一標的，但結果卻和過去是菜鳥時完全不一樣了。多個標的之所以後來只剩下一個，主要是我把其他股票都獲利了結，而這些獲利並沒有移轉到留下來的股票上，而是轉為現金，留作投資其他標的的待用資金。

失敗也是投資的好機會

賭場裡多數的賭局都是一次定輸贏，也就是無論決定是對是錯，你都只有「一次」的機會。

這就是賭博危險的地方。賭場裡的賭局通常是讓你無

法深思熟慮的機率遊戲，你甚至不可能有機會修改自己的錯誤決定。

不過在眾多賭局中，有一個遊戲是你可以推翻自己的選擇，就是二十一點。這個遊戲是由手上牌面點數接近二十一點的玩家獲勝，遊戲中主要是進行「要牌」和「分牌」，也就是玩家可以視自己手中的牌面點數，選擇要不要追加紙牌與莊家競爭輸贏。另外，還可以透過「對子、分牌、雙倍加碼、保險投注」等多種選擇，玩家可以選擇收回50%的賭金或是雙倍加碼。

這種「彈性的選擇」同樣適用於投資股票，我會認為股票比賭博更安全的原因，就在於前者在選擇上有很大的彈性空間。當你覺得自己買的股票可能會下跌時，可以賣出一部分的股票來停損，就像二十一點中的「對子」一樣；當你覺得可能會上漲時，也可以追加買進，就像「雙倍加碼」或「分牌」的手法一樣。

許多人認為投資股票比玩二十一點困難許多，因為投資股票在很多時候是需要視情況隨時調整選擇。儘管如此，我們也別忘了，可以利用這種彈性的選擇來降低損失或提高獲利。

以已經買進的股票來說，無論該公司的體質如何，按照自己的標準，股價上漲就是好股票，反之就是壞股票。一家公司的價值不過是我們在買股票前需要考慮的因素，一家公司的體質再好也無法避免股價波動，它的股價也可能會隨著局勢下跌。當然，也有相反的時候。

　　停止賭博後，美元是我的第一筆投資。假設把美元當成一家公司的股票來看，我等於是買了「美國」這家實力雄厚的公司股票，完全不用擔心會發生倒閉的問題。美國如果破產就等於是全世界破產，所以用韓元購買美元並非貿然行事。正因如此，人們才會把美元和日圓視為安全的資產。

　　我注意到即使是安全的美元匯率，也會隨著局勢而起伏波動，於是開始運用過去從賭場學到的馬丁格爾策略[5]、帕羅利投注法[6]和凱利準則[7]等投注系統，來進行各種嘗試。

　　比方說，在 1 美元兌換 1,200 韓元（約新臺幣 30 元）

5　譯注：即馬丁格爾系統（Martingale System），方法是輸了就加倍下注。
6　譯注：即帕羅利系統（Paroli System），方法是贏了就加倍下注（反馬丁格爾系統）。
7　譯注：凱利準則（Kelly Criterion），是根據獲勝機率和賠率決定下注比例。

時買進美元,也就是押注在匯率上漲的機率。或許有人認為這種賭 50% 機率的遊戲和賭博沒有什麼差別,話雖如此,投資美元和賭博遊戲是截然不同的兩件事。一場賭局中,即便只是下跌 1 美元,對玩家而言可能會損失全部的賭金;但如果投資的是美元,損失的也就只是 1 美元而已。

也許有人認為如果美元上漲,賭博就能 100% 獲利,投資美元的話,就只有 1 美元的獲利入袋。沒錯!想賺大錢的人都應該去賭博,而不是投資股票。

基於上述原因,投資股票若是受到較大的波動影響,就會變得和賭博一樣危險。就像在賭場下注時堅守原則,我在投資股票上也是以安全為最高策略。如果想要高獲利,可以考慮小資本的高波動性投資,或是大資本的低波動性投資。我只要「有賺就好」,所以比較偏向風險低又安全的方式,而不是汲汲營營於可觀的獲利,所以選擇用小資本操作低波動性的美元。

與賭博相比,美元投資有極高的穩定性,因為是永遠不會倒閉的機構發行的股票,所以即使價格下跌也不算是投資失敗。假設美元兌換韓元的匯率從 1,200 韓元跌至 1,100 韓元(約新臺幣 27.5 元),這時候並不是損失,而是

一個機會，因為可以用較低價格買進有價值的資產。美元的上漲或下跌，都讓人有一種好像自己已經投資成功的微妙感受。

低波動性意味著高頻率的交易

低波動性意味著你無法從一次的投資中獲得豐厚利潤，因此為了從低波動性的投資中獲得豐厚利潤，就必須運用槓桿操作來進行大資金的投入。話雖如此，投入大量資金本身就是在冒險。無論是「小資金投入高波動性的標的」，還是「大資金投入低波動性的標的」，兩者一樣都存在風險。

不過，的確有一種方法可以在小資金投入低波動性投資的同時增加報酬，就是增加交易次數。

假設一筆交易可得 1% 的收益，10 次的交易就可以獲利 10%。賭博之所以會特別危險的原因在於，除了「不是最好，就是最壞」的波動性之外，下注的次數也較多。一場百家樂需要的時間大約是 3 至 5 分鐘，想要體驗一下快速輸錢的人倒是可以試一試。

我認為低波動性的美元投資雖然金額不大，但還是可以透過增加交易次數來提高報酬率。即使只有 1 萬韓元、10 萬韓元的收益，對我來說也很珍貴，而且我只專注於投資不虧損的原則。波動幅度小又不斷起伏的美元匯率，讓我的獲利持續增加，這一點和我在賭場上用最低投注金額進行賭局的結果完全相同，虧損幅度有限，但是獲利幅度也不大。

這樣一來，我得以堅持「不虧損」的投資原則，以及「即便是很小的收益也勝過虧損」的投資理念。

「投資 1 億韓元獲利 1,000 萬韓元」和「投資 1,000 萬韓元獲利 100 萬韓元」，哪一邊的投資更有價值？當然有很多人可能會回答前者，我倒是抱持保留態度。我之所以會這麼說，是因為這個問題並未提到具體的投資期間。假設前者是十年的投資結果，而後者是一年的投資結果，這樣一來，價值判斷就完全不同了。前者的年報酬率是 1%，而後者的年報酬率則是 10%。

因此當你投資的是低波動性標的，提高交易頻率，就不必期待單次的高報酬率，因為低報酬率累積下來，一樣也能創造高報酬率。

以下用實際投資美元的例子向大家說明，我曾用 1,000 萬韓元投資美元，並且在短短幾分鐘內就賺到大約 3 萬韓元（約新臺幣 750 元），然後賣出，那次的報酬率大約是 0.3% 左右，相當於股票交割手續費的微薄利潤。過了幾分鐘，匯率開始下跌，我便趁勢以同樣的金額買了美元，匯率很快就上升了，於是我又再次賣出。

很幸運的是，那天當沖做了五次交易，獲利超過 15 萬韓元（約新臺幣 3,750 元）。相對於投入的本金 1,000 萬韓元，我的投資報酬率仍然是 1.5% 左右。不過如果仔細想一想，會得到完全不一樣的結果。這不是一年的獲利，只是一天而已。換算成年報酬率來說，竟然高達 540%。

簡單來說，有點像是增加一個只能存一天，年利率 540% 的特殊定存商品。由於並不是以複利的概念計算，但實際上這已經是一個驚人的報酬率了。

我將自己從美元投資中學到的經驗應用到股票投資上，精挑細選，終於買到像美元這種值得信賴的股票之後，股價下跌時，我就當作是逢低買進的好機會，即便只漲 1%，我也都會迅速掛賣。

有別於大部分短線交易的人偏好波動性較大的小型

股，我個人比較偏好穩定又波動緩慢的大型股，想追求的是小額而頻繁、快速的獲利。對我而言，短線交易風險高的說法，只適用於那些波動性大且投資價值低的股票。

不過，我並不適合從事短線交易。我持有的股票都不是波動性大到必須分秒必爭的類型，而且追求財務自由和悠閒生活的我，根本無法忍受整天緊盯看盤的日子。每天大概看一、兩次帳戶的情況，或是可以獲利了結就會立刻掛賣，這就是符合我自己標準的短期投資。

當我發現有潛力的價值股時，就會把大約 30% 至 50% 的股票做長期投資，以追求長期豐厚的獲利；剩下的 50% 至 70% 則是做短期投資，來追求頻繁快速的獲利。雖然和一般典型的價值投資法不同，但是也不致於會被關進監獄。以投資期間的長短來判斷是投資還是投機，這是因為不了解金融機制而產生的誤解。在為了賺錢而進行的投資行為中，唯一需要考慮的價值是「獲利」。

很多人都對短期交易躍躍欲試，沒有人不喜歡在短時間內迅速獲利。不過，事實上股市裡偏好長期投資的人更多。所謂「被套牢」的被迫性長期投資，多數的投資人是因為股價下跌，無法獲利了結，而不得不繼續持有股票。

理想的長期投資應該是持有股價上漲的標的，而不是長期持有股價下跌的標的。總覺得有一天應該會漲回來，一年、兩年，一直等下去的結果，也有可能到頭來是等到該公司下市的極端狀況。就算是幸運地漲回成本價，也會產生機會成本這類另一種形式的損失。

　　很遺憾的是，即便是再強大的投資高手都無法阻擋金融危機或經濟衰退等大趨勢的市場下跌。股價下跌的風險永遠存在，任誰都無法避免被迫性長期投資。即使連續一年，每個月穩定獲利 1,000 萬韓元，在投資的世界裡也可能一天之內歸「零」。即使成功一百次，也可能因為一次失敗，而讓一切化為烏有。因此，制定強制性長期投資的計畫是非常重要的，這就是要進行分散投資，以及考慮現金持有比例的原因。

　　在賭場輸錢，通常是幾次成功後，隨之而來的幾次失敗造成的。如果是從一開始就慘敗，還有可能不致於損失太多金錢。至於我喜歡追求小利，並非因為不喜歡賺大錢，而是為了避免發生嚴重的損失。如果你希望得到高收益，做好虧損的心理準備是理所當然之事。

加碼攤平？分批買進！

許多人在進行股票投資時，將加碼攤平列為絕對不能做的行為之一，原因是投資金額增加的同時，風險也會隨之提高。不過，也有人認為買股票最好是分批買進。加碼攤平和分批買進，究竟有什麼不同？

「我浪漫，他不倫」，意思是「我的戀愛是一種浪漫、別人的戀愛是一種不倫」，就像這句話裡雙重標準的意思一樣，他人為之叫做「加碼攤平」，我自己為之叫做「分批買進」？雖然都有降低股票平均買進成本的共同目的，但是某些事情絕對不能做、某些事情又必須做，這實在很矛盾。

無論是多麼優秀公司的股票，如果覺得對目前的自己造成損失，就只能算是討人厭的垃圾而已。即便對這種垃圾進行加碼攤平，垃圾還是垃圾，乾淨的水不該倒進汙染的水裡，那樣只會造成更多不能飲用的水。

用垃圾來比喻股票是有些誇張了，不過我想強調的是，在資本主義體系裡，投資人需要審視的不是企業的價值，而是企業能否帶來收益，就像對一個上班族來說，他

們忠誠的對象不是公司,而是公司付給他們的薪水一樣。

正如《聖經》上的一句話:「新酒就該裝在新皮袋裡」,額外買進的股票應該被視為和之前買進的股票是完全不同的投資。我認為加碼攤平和分批買進的差別,不在於「什麼時候買進」,而在於「什麼時候賣出」。

以加碼攤平的角度來說,多數人的做法是立刻掛賣,因為他們認為拉低平均價格賣出才能降低損失。不過,分批買進的股票最好的處理做法是分批掛賣。從投資的目的不是回本,而是獲利的角度來說,這是十分重要的觀念。

加碼攤平是「我無法接受用這麼高的價格買了這種垃圾股票!一定要買更多來降低成本!」的概念,而分批買進則是「這麼好的股票居然賣得這麼便宜!一定要買更多!」的概念。

假設買進的 100 股股票,股價從 1 萬韓元跌了 60%,剩下 4,000 韓元(約新臺幣 100 元)。此時如果再買進 100 股,這位加碼攤平的投資人的買進平均價格就會變成每股 7,000 韓元(約新臺幣 175 元)。然而,此時分批買進的投資人的買進平均價格則是「1 萬韓元」和「4,000 韓元」兩種。

隨著時間的推移,當股價上漲到 7,000 韓元時,採用

加碼攤平策略的投資人雖然可以賣出持有的 200 股來避免虧損，但遺憾的是也無法獲得收益；相反地，採取分批買進策略的投資人則可將以 4,000 韓元買進的 100 股股票，以 7,000 韓元賣出，每股可獲利 3,000 韓元（約新臺幣 75 元），也就是能賺到 30 萬韓元（約新臺幣 7,500 元）的收益。當然，雖然還剩下以 1 萬韓元買進的 100 股，但從「尚未賣出的股票是既非損失，也非收益」的角度來看，是有所差異的。

這種差異也會影響到後續的發展。假設股價進一步上漲到 1 萬 3,000 韓元（約新臺幣 325 元）時，選擇全數賣出的加碼攤平投資人，會因為追高買進而陷入嚴重的「心理崩潰」狀態，但是採用分批買進的投資人則能再次獲得 30 萬韓元的收益，最終以總計 60 萬韓元（約新臺幣 1 萬 5,000 元）的獲利，漂亮地完成這次的投資。

在股價下跌的情況，兩種投資方式的結果也不相同。採用加碼攤平策略的投資人雖然會因為已經全部賣出而可以放心，但是同時又無法抵擋比賣出時更低的價格誘惑，最後又會大膽地全數買進。相較之下，採用分批賣出策略的投資人已經實現約 30 萬韓元的獲利，同時還持有充足

的現金，因此不用擔心進一步下跌的可能性。

不過資金是有限的，不可能不斷用分批買進的方式來因應持續下跌的股票。「適時停止」是必要的，因此「精心制定的策略」就顯得更重要。多次分批買進意味著投資金額的增加，這也就代表暴露在更大的風險中。當遇到意料之外的股價暴跌時，心態就會開始動搖，原本按照策略的分批買進，可能會變成展開一場充滿「豁出去」投機心態的加碼攤平作戰。

即使是再好的股票，在面臨金融危機或是短期的業績惡化時，股價也難免下跌，這種情形就如同刀刃從天而降一樣的危險。因此，需要預先規劃好策略，以便能夠因應任何時候都可能發生的危險。

將新的標的納入投資組合的那一刻，我會先決定好股價下跌時，要進行的分批買進次數、總投資金額及時間點。這是為了不在突發狀況下被沖昏頭，失去理智。此外，也會按照事先制定的計畫，執行因應暫時的反彈而操作的分批賣出。不過，賣出的原則與買進不同的是，我會完全忽略交易次數、資金多寡、時間點等因素，只堅持一個原則，就是「即使只有 1 元的獲利也要立刻賣出」。

買進方面,我會像交易程式一樣嚴格遵守原則,但是賣出時則會考慮市場狀況和經濟指標分析等,藉由各種外部變數來判斷是否要實現獲利。雖然這樣的判斷不一定準確,因此獲利不算高,但是最初買進的股票仍然以長期投資為目的留在帳戶裡,所以不至於為已經賣出的股票後悔,而且對於日後更高的獲利抱持期待。

巴菲特的「不虧損的投資」、「買低賣高」,乍聽之下想做到似乎並不容易。但是只要確立原則並且堅持下去,想要實現這樣的境界其實也沒有那麼難。

分批交易的七個投資帳戶

在成功投資美元的過程中,我了解到重點不在加碼攤平,而是在於分批交易的價值,於是開始嘗試把經驗活用在股票投資上。只是我發現實際的操作上並不如想像中容易。誠如人們把分批買進也稱作加碼攤平的原因,額外買進的股票會和初始買進的股票放在一起,看起來就不像是「新股票」。

區分初始購買的股票和追加購買的股票唯一方法,便

是記住買進的價格和數量，或是記錄在電腦的 Excel 程式裡。這種方式既複雜又繁瑣，常常會讓人錯過一閃即逝的掛賣時機，甚至在交易時，股票交易系統上顯示的是虧損而不是獲利，難免讓人心裡感到不是滋味。尤其是進場買股票買到第三、四次的時候，也很難判斷自己到底是買了幾股，以及花了多少錢入手。

我苦思如何不用刻意記錄，也可以自在、準確地進行分批交易的方法，「新酒入新甕，新股入新帳」就是我想到的好方法，這個既簡單又有效的方法，可以從根本上防止後續買進的股票和先前買的股票混雜在一起。

我的大腦裡一共有七個股票投資帳戶，而且每個帳戶各自獨立運作。1號帳戶的報酬率通常不會太理想，但是2號、3號、4號、5號、6號、7號的報酬率會隨著時間的推移而漸入佳境。1號帳戶可能有時會買進相對比較高價的股票，但是正因為1號帳戶的錯誤操作，才使得2號至7號帳戶有機會能以更低價格買到相同的股票。

這些帳戶裡的股票都是不曾加碼攤平的初始狀態，所以不需要個別計算報酬率或是進行分批交易。如果報酬率顯示藍色就維持原狀，顯示紅色就根據當天的心情全部掛

賣[8]，但是仍然以分批賣出方式來進行，我把這種分倉投資方式稱為「七分帳戶交易」（Seven Split Account Trading，以下簡稱「七分法」）。

七個股票帳戶中，1號帳戶是第一次購買的股票，主要是實現每支股票的目標獲利之前絕不會考慮掛賣，用於長期投資的股票所組成。當1號帳戶出現股票跌幅超過3%時，我會另外建立2號帳戶來追加買進。同樣地，當2號帳戶出現下跌的股票時，另外再建立3號帳戶來追加買進。

每一個帳戶都設定了個別的跌幅，作為追加買進的標準。跌幅是根據標的及情況做不同的設定，例如以1號帳戶的買進數量為基準，其餘帳戶的跌幅分別來到3%、5%、10%、20%、40%、70%時，這表示我需要追加買進六次。而最後的7號帳戶，我只會配置那些相較於初始買進價格，平均下跌70%以上的標的。

這個方法是我從二十一點遊戲得來的靈感。玩二十一點的玩家拚的是牌面上的點數能否與莊家一致，也就是玩家手中出現與莊家相同的點數，形成「對子」時，就可以

---

[8] 編按：韓國股市以藍色表示下跌和虧損，以紅色表示上漲和獲利。

藉由分牌的方式，同時追求穩定性和收益的最大化。在莊家輸牌機率極高的情況下，如果手裡的牌是一對A，代表你有很高的機率能透過分牌方式得到兩個二十一點。一般在賭場上，一對A通常可以有三次的分牌機會，雖然這個規則並不適用於股票投資，但是我們可以根據自身的需求去考量，也就是把帳戶分開設定成個別的獨立帳戶。我之所以會把帳戶獨立成七個的主要原因在於，除了管理上的便利性外，更因為七個帳戶有助於投資的穩定性。

應用這個新的交易技巧時，最重要的是選股。初始買進的標的必須是基於量化財務數據的價值股。投資於公司成長與股價同步上漲的標的時，七分法能帶來比盲目的長期投資更大的複利收益；相反地，如果不是這樣的標的，這個方法就無法正常運作。

無論是賭博還是股票投資，情緒的變化都是影響投資成敗的重要因素。當看到持有股票的報酬率全都被染成藍色時，悲觀情緒及貪婪這個惡魔就會開始悄悄出現。堅定的投資哲學和精心挑選的價值股，在這個可怕的惡魔面前都會變得毫無防備。

但是自從採用七分法之後，貪婪惡魔的出現不僅大幅

減少,甚至到後來就完全消失了。對我來說,顯示藍色報酬率的帳戶和顯示紅色報酬率的帳戶同時並存的莫大安慰,是戰勝悲觀情緒的強大力量。心底那股基於降低平均成本而想要買進更多股票的貪念,如今已能透過各帳戶設定的投資上限來有效克制了。

我確實做到分散投資了嗎?

江原樂園賭場玩家不能與荷官進行一對一的對決,因此在二十一點賭局中,同桌玩家的實力也會對輸贏的結果產生很大的影響。

二十一點遊戲主要是使自己手中的牌面總和接近21點,同時要想辦法讓荷官手中的牌面總和超過21點,也就是所謂的「爆牌」。

與同桌玩家一起合力擊敗荷官的喜悅,往往勝過自己一個人單打獨鬥。這個策略通常可以在荷官的「明牌」(公開的牌)是6或5時使用,利用剩餘的點數是8以上的卡牌居多的情況下,讓荷官抽取兩張額外的牌而爆牌。

之所以需要同桌玩家的合作,是因為玩家可以選擇是

否補牌。如果玩家已經補到的牌中8以下的牌較多，下一張出現的牌是8以上的機率就會較高。因此，即使對某些玩家來說，補牌可能較為有利，但是為了達成策略，他們也會選擇不補牌。

所以在二十一點賭局中，無論個人實力如何，遇到沒有實力的同桌玩家可能就會面臨巨大風險。這就像在暴跌行情中，被恐慌情緒驅使而進行「盲從交易」的散戶投資人，會影響其他投資人的情況。

在國外賭場，想與荷官進行一對一的對決並不難。在這種情況下，有時候我會施展分身術。玩二十一點通常是在一張賭桌配置6張玩家的椅子，也就是會有6個下注區。分身術就是在這6個下注區都投注，可以說是一種分散投資。

不過，這種分身術的目的並不是為了分散風險，而是為了防止其他玩家參與賭局，因而干擾到我和荷官一對一廝殺。這樣一來，各占6個下注區、同等實力和策略的6個玩家，想要齊心協力一起對付荷官就變得更加容易，自然也能提高勝算。

在股票投資的過程裡，針對分散投資和集中投資做出

選擇是非常重要的。雖然說「不要把所有的雞蛋都放在同一個籃子裡」，但在某些情況下，具有高潛在報酬率的集中投資會是更好的選擇。

在專注於公司成長價值的價值投資中，因為需要隨時監控和關注所投資公司的狀況，集中投資的選項可能會是比較能見到效率的方式。但是在經過深思熟慮之後，我選擇了分散投資。這是因為我欠缺判斷標的的能力，雖然可以根據過去的績效指標，對公司的內在價值進行量化分析，但在預測需要定性和主觀判斷的未來成長可能性的部分還是深感乏力。

除此之外，就像賭場裡玩二十一點的玩家一樣，股市裡也有很多欠缺實力卻頻頻拋售股票的投資人，而我的顧慮就是在股價達到符合公司價值的標準之前，會因為這樣的投資人而浪費自己的時間。

以不虧損的安全股票投資作為投資理念準則的我，有一天決定要放棄集中投資。我認為「要嘛集中投資，要嘛分散投資」這樣的二分法思維同樣存在風險。於是，我想出「分散式集中投資」這樣的方法。就像人們誤以為「把所有錢都押在一處」就是集中投資的認知一樣，以為隨便

買進某個標的就是在做分散投資，也是一種錯誤的認知。

投資標的方面，我有自己的設定範圍，例如賭博部分只玩二十一點、房地產只買公寓、外匯只做美元、股票只進行定量價值投資。同時，我認為風險越高，投資資金也應該跟著調降。我將自己目前的投資資產配置，依照波動性與風險排列為「房地產＞美元＞股票」。

本書的內容所要探討的，不只是關於產業和個股的分散投資。天底下除了股票投資以外，還有很多在不同時期、不同狀態下，可以獲取豐厚收益的投資標的。利率下跌會帶動房地產上漲，利率上升會帶動債券價值下跌，債券價值下跌可能會促進股市的繁榮。理解這些經濟的循環機制，並且善加利用是很重要的一件事。

從上述觀點來說，無論是採取集中投資還是分散投資，將大部分的資產投資在股票上本來就是冒險行為。當你只專注於挖掘一口井時，最終就只會有那一口井而已。

投資祕訣？沒有這種東西！

下注1枚籌碼如果輸了，就再加1枚籌碼下注，以追

求2份獲利;如果又輸了,就在輸掉的2枚籌碼之外,再加2枚籌碼下注,以追求4份獲利。用這種方式一直下注,只要贏一次就能找回前面所有的損失,同時也能贏回最初下注1枚籌碼時的獲利目標。如果不限制下注金額的話,理論上透過這種方式有機會可以滿載而歸,這就是賭場上所謂的「馬丁格爾策略」。

如果完全按照馬丁格爾策略來下注,上賭場就不用擔心會輸錢了。不過,職業賭徒都認為這個策略是走向崩潰的捷徑,所以視為大忌。原因相對簡單,是因為最重要的前提條件——賭金,在這個世界上,沒有一個玩家的資本是無上限的,賭場甚至會限制單次下注的最高金額。

假設某位玩家以10萬韓元作為一開始的下注金額,並且選擇以馬丁格爾策略進行賭注。第一次投注失敗後,第二次投注所需的金額是20萬韓元(約新臺幣5,000元),第三次的投注則為40萬韓元(約新臺幣1萬元)。如果按照這種模式持續將投注金額翻倍下去,經過20次的投注失敗後,第21次投注所需的金額將超過1,000億韓元(約新臺幣25億元),到目前為止損失的金額也是如此。天底下沒有人會傻到為了贏得區區10萬韓元,投資1,000億韓元。

馬丁格爾策略是第一次進賭場的新手通常都會選擇的方式，他們雖然不知道這個名稱，但是當他們想著「這樣下注肯定不會賠錢，我真是天才！」的同時，已經跳上通往地獄的特快列車。

在股票投資方面也有這種危險的投資方法，稱為「加碼攤平」。這種方法也被稱為「規模交易」（Scale Trading），就是「當所購買的股票下跌時，用更低的價格再次購買該股票，以降低平均購買成本的投資方法」。主要是將買高的股票透過以低價加購來降低股價的平均價格，所以被稱為加碼攤平。

假設以每股 1 萬韓元買進 100 股的股票，總投資金額就是 100 萬韓元。假使股價下跌至每股 6,000 韓元（約新臺幣 150 元），則投資報酬率為 -40%，損失金額為 40 萬韓元。即使股價回升至 8,000 韓元（約新臺幣 200 元），損失減少了，但仍是虧損狀態。

然而，趁著股價跌到 6,000 韓元時，趁勢再投入 100 萬韓元，也就是及時進行加碼攤平的操作，這時候平均成本就可以降低，變成 7,500 韓元（約新臺幣 187.5 元），等股價回升至 8,000 韓元時，就能坐收每股 500 韓元（約新

臺幣 12.5 元）的獲利。

如果用這種模式持續進行加碼攤平，就可以如同利用馬丁格爾策略在賭場上穩操勝算，在投資股票上一樣也能避免虧損。即便持續加碼攤平的股票可能會因為公司下市而變成廢紙，但是只要還有其他更大資金的股票可供投資，加碼攤平的做法就可以繼續而不受影響。

加碼攤平和馬丁格爾策略一樣，同樣是需要「無上限的資本」作為前提的一種潛在風險的操作方式。不過幸運的是，股票投資和賭博是不一樣的。如果以正確的價值分析預估股價的跌幅可能會停在某個水位，加碼攤平也可以是相當有效的投資方式。

如前所述，加碼攤平和分批買進的差別，取決於判斷賣出的時機，只是假使硬要把七分法局限在交易技巧之上，就只能算是半吊子的解決方案。股票投資並非賭博，想要只靠技巧是很難成功的。如果沒有事先分析該公司的價值，單純只是為了降低平均成本而分批買進的話，充其量就只是在冒險做加碼攤平的動作罷了。相反地，在公司的價值沒有太大浮動的情況下，隨供需或市場情況而在股價下跌時進行的加碼攤平，則是明智的分批買進。在此要

再次強調的是，如果不是以價值股和優質股為標的，七分法就無用武之地。

我曾從事的電影界，有一句話是這麼說的：「好的劇本也可能拍出糟糕的電影，但是糟糕的劇本絕對無法拍出好電影。」如果把這句話套用在股市上，應該這麼說：「好的股票可能免不了遇到虧損，但是糟糕的股票肯定無法獲利。」

在朴贊郁導演拍攝的電影《共同警戒區JSA》中，經驗豐富的中士吳景必（宋康昊飾）對自誇「快速拔槍技術」的兵長李秀赫（李秉憲飾）說：「戰鬥技巧？沒有那種東西！能不能保持冷靜、能多快做出決策，然後果斷行動！這就是技巧。」

無論是分批買進、交易策略、分散投資，還是集中投資，任何投資技巧都無法超越「投資標的是否真的具備價值與足夠優質」的條件之上。

複利的魔力就像滾雪球,放越久賺越多

「複利是世界八大奇蹟之一,是宇宙中最強大的力量。」

——阿爾伯特・愛因斯坦(Albert Einstein)

「帕羅利投注法」與馬丁格爾策略是兩個對立的機制。馬丁格爾策略主要是,每輸一局就要在下一局的賭金加上前次賭金的金額再下注;帕羅利投注法則是,每贏一局就要在下一局賭金加上贏得的賭金金額再下注。

假使初始賭金是 10 萬韓元,以帕羅利投注法來說,連續贏得 20 次之後的收益將超過 1,000 億韓元。當被問到在賭場上是否可能連續贏 20 次時,我很有自信地回答對方「可以」。事實上,我經常目睹玩家連續慘輸或是贏 20 次以上。

有賭場之花之稱的百家樂遊戲,有一個人稱「跟隨趨勢」的概念。與押單雙遊戲相似,百家樂是下注莊家或開家來決定遊戲的勝負,有很多人會選擇把錢下注在莊家身上,如果贏了,就在下一局繼續下注莊家,以此類推,遊

戲就在不斷下注莊家的過程中進行。就像是投擲硬幣遊戲中，不斷下注正面的方式一樣。在50%的機率遊戲中，連續20次出現正面的機率並不多見，但是如果投擲硬幣超過1萬次，確實就有可能發生。

在百家樂中「跟隨趨勢」連續贏得20次，意味著在每次投注相同金額的情況下，報酬率可以達到2,000%。一個正常人遇到這種驚人的報酬率，實在很難不陷入賭博，然後成癮。如果換成是帕羅利投注法，報酬率將會超過1億%。「報酬率」與「1億%」這兩者如果同時出現，根本是教人匪夷所思的夢幻組合，假使初始投資金額是10萬韓元，短短幾分鐘內將變成1,000億韓元。

因此，賭場方面為了防止玩家以這種方式贏得巨額的賭金，會設置投注金額的最高上限。

我能透過小額投注獲得收益，主要歸功於選擇的投注方式。如果賭輸了1,000韓元，就再投注1,000韓元。即使連續10次都輸了，還是一樣投注1,000韓元。就算連輸10次，我的損失也不過是1萬韓元。即便莊家連贏10次，創下十連勝的紀錄，也只是贏了1萬韓元而已。

不過在真實的賭博中，我是以帕羅利投注法作為主要

的武器。用帕羅利投注法連贏 10 次，會得到和莊家完全不一樣的結果，因為最終的報酬率將高達 50,000%。

開始投資美元之後，我發現在金融和投資的領域裡也有類似帕羅利投注法的概念，就是複利概念。雖然股票投資的複利效率不如帕羅利投注法來得高，但卻安全得多且投資金額較大，效果方面足以和帕羅利投注法相提並論。

以投資股票來說，1,000 萬韓元的資金不算是大數目。假設我們投資了 1,000 萬韓元，而每天的報酬率是 5%，就這樣持續一年（以在最低價時買進，並在最高價時賣出來說，一天就能達到 85% 報酬率。在股票市場上，一天 5% 的報酬率看起來不算很高，但是實際上要達到並不簡單）。

如果把一天 5% 的報酬率乘以一年的開盤天數 240 天，總報酬率為 1,200%，簡單來說，就是投資 1,000 萬韓元可以賺到 1 億 2,000 萬韓元（約新臺幣 300 萬元）。1,000 萬韓元的 5% 是 50 萬韓元（約新臺幣 1 萬 2,500 元），將這 50 萬韓元加乘後的 1,050 萬韓元（約新臺幣 26 萬 2,500 元）乘以報酬率 5%，就是 52 萬 5,000 韓元（約新臺幣 1 萬 3,000 元）。以此類推，將收益和投資本金相加後，再以

複利方式進行投資，初始投資金額 1,000 萬韓元將在一年後變成 1 兆 5,900 億韓元（約新臺幣 397 億 5,000 萬元）。

雖然每天 5% 的報酬率並不太可能，但是每週 5% 似乎也不難吧！如果以每週 5% 的報酬率來計算複利，一年後這 1,000 萬韓元會成長到接近 1 億韓元。

這就是讓巴菲特以年均 20% 左右的報酬率成為世界首富的祕訣，基於這個原因，他後悔自己未能在更年輕時投入股票投資（他在 11 歲開始投資）。

我決定將帕羅利投注法、複利概念，積極應用在美元的投資路上。

低報酬率也能成就高收益

> 「人的幸福不是來自於比登天還難發生的巨大幸運，而是來自每天發生的小小利益。」
> ——班傑明‧富蘭克林（Benjamin Franklin）

2018 年 1 月，美元價格在 1,060 韓元（約新臺幣 26.5 元），一年後的 2019 年 1 月，美元價格上升到 1,120 韓元

（約新臺幣 28 元）。一年內上漲約 5.7%，這樣的上漲率在股市裡可說是不足為奇。假使你在 2018 年 1 月買了美元，並在 2019 年 1 月賣出，則報酬率只有 5.7%。但是如果投資 10 億韓元，大約可以賺到 5,700 萬韓元（約新臺幣 142 萬 5,000 元），這樣的報酬率算是很不錯的。

只是一般人鮮少有 10 億韓元這麼大筆的資金，即便真的有，也不會將所有資金都投入到不確定的美元匯率，所以這是一個不切實際的假設。

這段時間，我的美元投資報酬率超過 100%，與同期市場報酬率 5.7% 相比，居然多了 17 倍。這樣的報酬率就是平均每次 0.3% 至 0.7% 的獲利累積，然後再加上複利的效果。

僅僅靠著平均 0.5% 的獲利，創造超過 100% 以上的獲利似乎不太可能。可是我們應該想一想，一天平均 0.5% 的獲利累積二十天能達到 10%，如果持續十個月就可以達到 100%。如果再加上複利的概念，這個時間可以縮短到大約三個月。

在這一年內，美元價格不斷波動，最低跌至 1,050 韓元（約新臺幣 26.25 元），最高漲至 1,140 韓元（約新臺幣

28.5元）。1月至6月價格相對較低，隨後在7月大幅上漲，直到隔年1月也在類似的價格區間內波動。如果在7月初購買美元，並在沒有交易的情況下，持有到隔年1月的報酬率將是0%，這是因為六個月前後的美元價格很接近。

由於美元價格會在一定的區間內反覆波動，購買後等待便會有賣出的機會，賣出後再等待就會有再次購買的機會。將低報酬率的獲利透過頻繁的交易轉化為高收益的祕訣之一，就是利用美元作為「貨幣」本身的特性。

把所有的美元賣出，並且等待下次跌價其實並不難。當我覺得等待太漫長而開始焦慮時，就會想像自己是美國人用所有金錢買入韓元；想要入手美元時，我同樣會把自己當成美國人賣出持有的韓元。

當我同時進行美元和股票投資的情況下，當美元較高時，就調高投資美國股票的現金比例；當韓元較高時，就調高投資韓國股票的現金比例，有時候會需要像這樣保持較高的現金比例。巴菲特曾經說過：「當你認為是最好的時機時，就該揮棒。」而我倒是可以不用揮棒，就輕鬆走向塁包。

雖然匯率的盤中波動幅度小，但是日波動幅度相對較大。美元如同比特幣等虛擬貨幣一樣，可以全球 24 小時交易，因此價格波動時間是股票的 4 倍，這就是我們一覺醒來就會發現價格變化很大的原因。

我對美國及這個國家發行的貨幣有著堅定信念，所以購買大量美元，即便是遇到韓元升值，造成損失慘重，無望恢復的情況，也還是抱持著大不了移民美國的心態，積極進行投資。

我認為美元投資失敗並不是那麼令人絕望的情況。事實上，多數的美國人幾乎所有的現金資產都是美元，對韓元根本不感興趣。就像韓國人在土耳其里拉幣值暴跌時，只想著去旅遊，而不會擔心經濟損失一樣。

透過成功的美元投資經驗，我實現了賭博上無法做到的獲利規模提高。我了解到即使只能從安全又低波動性的投資標的獲得小收益，只要持續的累加，也能創造出高收益，於是我把這個概念運用到股票投資上。

能戰勝莊家的玩家心理素質

在賭場博弈遊戲中，大多是莊家和玩家的一對一對決，如果我贏了，莊家輸給我的是我自己的錢，如果我輸了則相反。只是這場對決非常不公平。玩家損失賭金的風險程度有時候很嚴重，甚至可能會有死亡的念頭；而莊家損失賭金對賭場經營者來說雖然不是什麼好事，但是對莊家本身而言，不過就是「昨天下午遇到一位非常厲害的客人」這樣的聊天話題而已。這種不平等的遊戲規則，往往也是玩家無法擊敗莊家的決定性原因之一。

能夠始終保持「專注」是決定遊戲勝負的主要關鍵，所以我必須找到擊敗莊家的妙招。賭場裡有很多會忍不住對莊家咆哮或發怒的「麻煩玩家」，不過他們這種沒有禮貌的行為，與其說是為了打擊莊家的心理，倒不如說只是因為輸錢，所以不甘心的情緒發洩罷了。

如果這些行為也算是某種策略，那麼從賭場被請出去，或是反而導致自己的心理更崩潰的可能性就更高了。

我為自己制定一個透過小額下注，將輸贏對心理的影響降到最低的計畫，而且這個方法確實產生不錯的效果。

但意想不到的是,這麼做竟然還產生了另外一種收穫。我發現自己小如鼠尾的小額下注,竟然是擊敗莊家鋼鐵般堅定意志的強悍武器。

在莊家眼中,一直輸錢的玩家應該是非常有趣的存在。首先,增加賭場的收益對他們來說是業務上的成就。此外,看到崩潰的玩家失去理智地不停下注,對莊家來說就像隔岸觀火一樣有趣。

不過,如果遇到的是我這種謹慎又有耐性、理性而慢條斯理的玩家,莊家也許會納悶:「這怎麼可能?我是為了什麼跑來當荷官的?」

在把 10 萬韓元的籌碼毫不遲疑地當作小費丟給荷官的豪華賭場裡,桌上數千韓元的籌碼只是不起眼的小錢。對於一直只玩最小額的賭注、完全不把賭博當賭博在玩的我,百無聊賴的荷官偶爾會把頭別過去打哈欠,似乎是在想著「賭這麼小,還不如去存銀行,來賭場湊什麼熱鬧啊?」

當荷官無聊地打哈欠時,表示注意力已經下降,也意味著對我是一個有利可圖的情況。其實,我已經遇過多次荷官因為無聊和疲倦,在精神不濟的狀況下,原本是他們

獲勝的局面卻因為計算錯誤,反而輸給我。

我不會告訴你,自己究竟有沒有佯裝不知情,而真的收下那些獎金。重要的是,最小額的投注不僅堅定我的意志,同時也打擊了荷官的精神狀態。

在股票投資中,玩家是我自己,而心理上較量的對手、莊家,則是除了我以外的另一個投資人。由於股價會根據所謂的投資心理和供需關係而波動,所以時常可以看到法人或外資買進的股票上漲,而散戶買進的股票卻下跌的現象。

我必須和其他的玩家,也就是與股市的莊家對抗,不能受到他們的判斷影響,而做出無謂的停損,或是任由他們蓄意掠奪股票。

如果透過公司的價值分析,買到自己覺得信心滿滿,不會被其他投資人的判斷影響的股票,那麼只要公司的基本價值不變,股價的漲跌就不該成為撤資或是增加投資金額的理由。

為了防止自己的心態受到莊家行為的影響,必須學習冷眼看待莊家的行為。如果不將供需關係造成的股價波動視為交易判斷的依據,就會對後續的影響力欠缺足夠的敏

銳度。

買進、賣出、交易量、走勢圖等，由買賣交易產生的數據，就像是賭場荷官花俏的手法把玩家搞得眼花撩亂，也就是所謂「跟風交易」這種專門哄騙股市菜鳥上當的交易手法出現的原因。盲目跟隨外資買進，或是認為散戶拋售的股票很快就會上漲，這些都是投資失敗的捷徑。

在賭場上贏錢的唯一方法

曾經沉迷於賭場的愛因斯坦說：「贏得輪盤的唯一方法就是偷取莊家的籌碼。」他肯定相信自己聰明過人的頭腦，能夠透過計算數學機率，找出在賭場贏錢的方法。

賭場裡所有的遊戲都必須符合一個叫做「賭場優勢」（House Edge）的報酬率計算標準，這樣才能讓賭場在機率上比玩家更具優勢。因此，雖然可以透過運氣和投注策略偶爾獲勝，但是玩家能持續贏錢的方式可以說並不存在。

不過，我完成了這個連愛因斯坦也未能做到的艱難任務。這並不是因為我比愛因斯坦聰明，或是對數學計算更拿手，這一點倒是不必多說。我在賭場贏錢的祕訣是「精

打細算」。

我從小就是一個窮到骨子裡的「窮二代」，多虧同樣出身貧寒的父母，讓我從小自然而然養成節儉的習慣。誠如「教育孩子最簡單的方法就是父母沒有錢」這句話，我就是這樣很自然地成為一個會珍惜金錢的成年人。

過去對金錢過度的貪婪，讓我在賭場損失很多錢，股票投資也都頻頻以失敗收場，並不是因為節儉的心態突然消失了，而是因為「完全狀況外」，簡單來說就是「被騙了」。不過，在對賭博進行一番研究和剖析之後，我的節儉美德終於又開始發揮效用。

江原樂園是韓國唯一允許本國人入內賭博的賭場，想在賭桌邊坐下來加入博弈遊戲，就得先經過「抽籤」程序，服務上的需求和供給顯然極不平等。經過漫長的等待，即便運氣好，終於有機會坐到桌邊加入戰局，有時總免不了遇到一、兩個觀看席上也想跟著場中玩家投注的觀眾，這是那些只能站在旁邊觀戰的人可以參與遊戲的唯一方法。

誠如之前曾多次提到，我在賭桌上的平均投注金額只有 1,000 韓元。作為玩家的我每次都只投注 1,000 韓元，而場邊那些把命運託付在我身上的後手們，投注的賭金都

是動輒 10 萬韓元至 20 萬韓元以上，作為「後手」的他們，對於我只肯投入少少的 1,000 韓元，眼神中充滿質疑。

隨著遊戲的進行，他們注意到我是賭桌上唯一一直在贏錢的玩家，然後幾個後手們就開始義無反顧地將自己的命運交付到我的手上，有人直接詢問我是不是有什麼祕訣，有人甚至想要遊說我增加投注金額，認為可以期待更大的獲利。

我總是笑著回應：「好啊！」但卻絕不可能真的按照他們的建議，增加投注金額。因為我非常清楚地知道，一旦增加投注金額，那一瞬間自己的心態就會瓦解，再也不可能悠閒地等著贏錢了。

那些試圖遊說我增加投注金額的人中，一百個人裡無一例外都會提高自己的投注金額。不過，這些後手們的命運多半早已注定慘敗。當我不斷贏得 1,000 韓元、2,000 韓元時，他們也贏得 10 萬韓元、20 萬韓元，眉開眼笑的他們甚至會默默塞給我一枚 1 萬韓元的籌碼作為謝禮。

我不會把小費當成是贏來的收穫，但是也不會拒絕這種自動送上門來的真金白銀，況且對我這個只敢投注 1,000 韓元的人來說，這 1 萬韓元是必須贏莊家十次才能入袋的

大錢。通常我會說著：「哎呀！這怎麼好意思呢！」然後竊喜地收下，開心地想著要當作下一次賭博的賭金。

儘管如此，賭桌上沒有永遠的贏家。像冬天裡瞬間轉成冷颼颼的天氣，賭博這種遊戲的氛圍也會突然間凝結。假使不幸遇上這種情況，我和後手的命運就會呈現鮮明的反差。一場賭局，我的損失了不起是1,000韓元，但是一起下注的後手們的損失通常會超過數十萬韓元。

我雖然有時可以透過帕羅利投注法，在弱勢行情中將報酬率最大化，但是對一開始就投入大資金的同伴來說，要將投注金額再提高2、3倍並不是容易的事。最終，瞬間輸掉大筆資金的後手們開始信念潰堤，在馬丁格爾策略的魔咒下，不斷增加的投注金額，也變成越來越大的資金損失。

在同一個股市裡投資同一支股票，有人賺錢，卻也有人賠到賣房子。這不能說是股市的錯，更不會是選錯了股票，其中的差異很可能在於投注的方法和技巧，以及投資資本的規模。

即便我買入的股票可能在二十年後變成大有為的價值股，一旦伴隨的是錯誤的投資哲學、錯誤的交易方式和錯

誤的投資金額，在獲得甜美的果實之前可能會先面臨損失。

以長期投資二十年為目標，但所有的資產中現金比例是 0%，這樣的規劃很可能會因為一場突發事故、疾病、孩子上大學或結婚等需要現金的問題，而變得不堪一擊。沒有誰能保證你不會遇上原本再等幾天就會成熟的柿子，卻被迫在尚未成熟、又乾又澀時吃下肚。

賺錢的原理來自珍惜和精打細算的觀念，為此要做的便是安全又精明的投資。

精明的你能得到的東西

包括江原樂園在內的多數賭場，都有自己的一套「獎勵系統」，這個系統會根據遊戲的時間和投注金額，為客戶累積一定金額的積分，看似是為客戶提供服務，倒不如說更像用來綁住客戶的誘餌。多數的玩家會毫不猶豫地一口咬住這個誘餌，好像積分是賭場免費贈送的禮物一樣，在賭場裡大肆享用高於市價 2、3 倍的食物和服務。

江原樂園有一套名為「COMPS」的獎勵系統，特別之處在於這套系統不僅可以在賭場與賭場飯店內使用，到

附近的外部餐廳和商店內也可以使用，可說是實用性相當高的一套系統。如果將賭博視為創造經濟利益的目的，而不是單純的娛樂，這些獎勵積分是值得積極地累積並善加利用的。

假設你在長達10小時的賭博遊戲裡，沉浸於輸贏的氛圍中，最後終於達到損益平衡。如果將遊戲中獲得的獎勵積分也納入計算，顯然你確實為自己創造了收益。在遊戲的過程中，你也需要睡覺和進食，所以如果將積分善用在經濟上，發揮節省開支的效果，無疑是一個有效降低成本，將獲利最大化的好方法。

我能做到連愛因斯坦都未能做到的「在賭場贏錢」，是因為在大家都無視於小錢的賭場裡，只有我不忘堅持精打細算的原則。我把累積的積分都當成是獲利的一部分，以及對贏得的小小獲利知足的心態，這些都是我能在賭場殺出重圍的祕訣。以一個捨不得花5,000韓元（約新臺幣125元）坐計程車，寧可辛苦轉搭公車和地鐵的人來說，這樣的人如果不覺得投資股票賺到5,000韓元是天大的獲利，那麼這樣的矛盾著實令人費解。

我試著把自己精打細算的特質作為武器，運用在股票

投資上。即便是小額投資，我一樣以謹慎的態度面對，幾萬韓元的小小獲利，我也一樣提醒自己要懂得知足。後來我開始了解到，小額投注能避免重大損失的道理，小額投資更是預防重大損失的最簡單方法。

我在意識到這一點之前，其實比較重視獲利而忽略損失，總想著「投資小錢不就只能賺到一點點嗎？」不在乎損失風險的我，一直以來只想滿足自己賺大錢的欲望。

每天波動幅度甚至是10%、20%的股市裡，我對於至少需要等待一年時間，才有可能的4%、5%股利收益並不怎麼滿意。人稱投資天才的巴菲特，他的年均投資報酬率也只有20%左右。從這個角度來說，4%、5%其實算是不錯的報酬率了。

我了解到越是高風險的投資，越需要選擇在自己能力範圍內的小額投資。以超越世界上最傑出投資人的報酬率為目標，這種想法本身就是不可能的挑戰。因此，我把長期投資用股票的目標報酬率設定在略高於商業租金報酬率的10%。

以投資報酬率為5%的股票來說，投資的同時等於達成目標報酬率的50%。前提是配息之前，股價不能下跌，

除了要有心理準備承擔股價下跌超過5%時可能會產生的損失外，如果股價反而上漲，即使是小小的1%，代表距離目標報酬率又更近了一步。

精打細算的觀念源於重視金錢的心態，金錢的花用和賺錢方面都需要有這樣的觀念。對投資獲利的過度期待，往往只會導致貿然的投資，而帶來承擔不起的損失。假設投資了1億韓元卻遭到腰斬，接下來每小時、每分鐘的股價都會令人焦慮不安。姑且不論受股價波動影響而時時刻刻起伏不定的情緒，如果無法對抗更大虧損造成的恐懼，最後也只能選擇停損認賠。

投入大於自身資金的投資，來試圖進行長期投資的情況下，可以說幾乎是不可能成功的。不過，以投資1萬韓元來說，就算損失一半的金額，還是有很多機會可以透過追加買進來維持投資，你也可以當它不存在，讓投資默默地進行。事實上，這樣的小錢對你來說，隨著時間的推移，可能會淡忘了自己有投資這回事。

關於賭博和股票投資這類的高風險投資，我認為風險越高，越有可能創造高報酬率。這裡的「高報酬率」和「高收益」是完全不同的兩個概念。追求高收益的高風險投資

往往伴隨莫大的損失。但是，以相對較小的資金來投資的話，不僅可以避免重大損失，還能透過高報酬率和複利的魔力來創造有價值的收益。

滿載而歸，或是滿盤皆輸？

賭博是將人類的欲望推升到極致的機制，因此無法輕易停下來，也無法看到「停下來就能看見的事物」。

賭博的時候，有兩個必須停住的剎那：一個是「贏的時刻」；另一個則是「輸的時刻」。賭場（投資）術語中稱為「贏切」（Win-Cut）和「輸切」（Loss-Cut）的果斷力，真的要做到並不容易。人在贏的時候會想要更多，輸的時候則會想要回本。就像玩「고스톱／Go-Stop」[9]，因為貪心不願意喊「고박／Go-Bak」（停）[10] 的情況下，結果反而會「全輸」是一樣的道理。

技術高超的賭徒擁有強大的心理素質，無論輸贏都不

9　譯注：고스톱／Go-Stop，是韓國傳統撲克牌遊戲。
10　譯注：고박／Go-Bak，是指這個遊戲中全盤皆輸的情況。

會把情緒表現出來。「撲克臉」（Poker Face），這句話源於人們打撲克牌時，為了不讓對手察覺到自己手中牌的好壞而不動聲色的樣子。像這樣有著強大心理素質的賭徒，通常會事先設定好自己的目標獲利和預期損失，並且在適當時機喊停，以實現獲利，並將損失降到最低。

至於我自己明明是心理意志薄弱的人，居然也能在賭桌上贏錢，並不是因為突然變厲害了，而且我清楚知道自己是無法自我控制意志的人。經過長時間的思考，既然我無法控制好自己，所以決定把控制權交給「某個東西」。

我的方法是「時間切」（Time-Cut）。賭場的常客都知道自己不可能輕易停手，因此都會設定「資金切」的對策來強制自己，也就是預先設定帶進場的本錢。

不過，幾乎沒有人會因為帶去的本錢用完了，就真的按照計畫停手。賭場裡看似貼心的自動櫃員機可不是裝置藝術。走進賭場時，原本戴在手上的手錶、駕駛的車輛，都可以輕易轉換成用來投注的現金。當所有能換成現金的資源都見底時，賭客才有可能「被迫停手」。

資金切策略的最大缺點是，絕對無法自己「贏切」。基於遊戲進行得越久，對賭場就越有利的特性，贏的時候

若是不即時停止，最終玩家會失去所有的獲利。

對賭博全盤分析了解後，我採取和過去不一樣的時間切策略，有利我適時地控制好贏切與輸切的時機。江原樂園的營業時間與國外 24 小時的賭場不同，時間是從上午的 10 點到隔天凌晨 6 點。「時間切」非常明確。賭場的打烊時間、飛機的起飛時間，抑或是我的人生戛然而止的時刻，只要「時間」上有一個「停止」的設定，不需要靠自我意志，該停下來的事物，自然就會停下來。

根據賭場環境，我設定了參與賭局的時間，並計算出在設定的時間內能進行幾次賭局。此外，我也計算了最低的勝率，以及每局可以下注的最大金額。實際操作下來，我發現只要時間不增加，為最壞情況預備的本金是足夠的。

以投注每局 1 韓元的花牌遊戲為例，想在 1 小時內輸掉超過 1 萬韓元的賭金其實很難。假設有個運氣不錯的高手玩家，打算在 1 小時內贏走我的 1 萬韓元，這代表他必須在平均每局 5 分鐘的花牌遊戲中連贏 12 局，並且每局的分數要達到 800 點。花牌分數 800 點，可以說是只有電影裡的賭神才有可能拿到這麼高的分數。

我的「時間切策略」確實發揮效果，事前預測的最壞

情況並沒有發生。即便狀況出現了，由於設定的金額在我能承受的範圍內，所以完全不具威脅性。這是將極高風險的賭博變成安全投資商品的祕訣。

在股票的投資上，「贏切」和「輸切」是以「獲利了結」與「停損」形式存在。達到目標報酬率時要果斷賣出；同樣地，預期將出現難以承受的跌幅時就要果斷停損。

「時間切」這項武器，讓我在賭博上驗證了很好的效果，但在股票的投資上，我認為還是需要其他類似的工具來輔助。我是意志薄弱的人這一點依然不變，我需要找到一個方案，能幫助自己克服人心的貪婪，並且勇於面對失去的恐懼。

巴菲特說「是時候收手了」

何時是選擇停損的時機，一直是投資領域裡無解的問題。投資分析節目裡，自稱股票專家的人說：「3 萬韓元當作買進時機，3 萬 5,000 韓元（約新臺幣 875 元）是獲利區間。但是，如果跌幅落到 2 萬 5,000 韓元（約新臺幣 625 元）就要立刻停損。」他們也會像這樣提示具體明確的停

損點。

　　股票會跌到 2 萬 5,000 韓元，有可能是市場變化的影響，也可能是謠言，或是某一群人在帶風向，如果盲目地在 2 萬 5,000 韓元的價位停損，真的妥當嗎？

　　儘管按照專家的說法，可以避開更多的損失，但是一旦確定損失，等於一切都結束了，這也是「下跌多少個百分比就停損」的設定方式並不合理的原因。

　　當我還在思考停損的問題時，巴菲特的投資祕訣突然浮現在腦海中。

　　「我的投資原則一是『絕對不要虧損』，原則二是『不要忘記第一原則』，就這麼簡單。任何的東西，只要是以低於其價值的價格買到手就不會虧錢。」

　　這是靠著投資股票成為世界首富的名人說的話，同樣的一句話，因人而異會有不同的解讀，但至少我自己是這麼想的。

　　「只要你是買到對的股票，根本不用停損。你只需要等它再漲上來就好。」

　　巴菲特的一句話，瞬間解決我對「停損時機」的困惑。既然用不著停損，就沒有必要苦惱停損點。

當時我在美元投資上的獲利不少,我確定美元是一項絕對安全的投資商品,所以在買進美元之後,即使匯率下跌,我也沒有停損,而且有耐心地等待下一次的漲幅。如果美元變成廢紙,韓元也會跟著淪為廢紙,所以等待對我來說沒有什麼大問題。

寶貴的資產在沒有任何獲利的情況下被套牢,從機會成本的角度來看,也許是損失;然而從美元也是貨幣的觀點來說,反而是比韓元更強力的現金資產,美元存在銀行兩天的利息遠比韓元一年的定存還高。因此,美元在無法實現套利[11]的情況下,只要存在銀行,等著配息即可。

可惜股票不是現金資產,等待下跌的股價在另一波漲幅期間並不會產生利息。不過,我知道部分股票值得期待比存款更高的報酬率,就是「股利」。因此,我不會刻意設定停損點,反而是以等待換取收益。賭博是一旦輸了,就必須認賠,但是股票投資卻有一種虧損的同時,仍然值得期待以其他形式獲得收益的討喜特質。

當我某種程度上解決了停損時機的問題之後,開始思

---

11 譯注:指買進的同時轉手賣出,以賺取價差。

考獲利了結的時機。有道是「買在高點，賣在低點」，可見想要掌握買進和賣出的時機並不簡單。

投資股票的風險中，不但沒有虧損反而獲利是值得慶幸的事，只是人的欲望永無止境，所以還是會盯著螢幕上已經脫手的股票價格發愣。

如果遺憾是停留在未能賣在更高價位的問題倒還好，問題是賣出後，卻在股價上漲時，用更高的價格重新買進，最後以比最初獲利更大的虧損收場。這就是以往股票上成功的美好經驗，模糊了投資上的判斷。

我試著輕鬆看待這個問題，就像無須停損就不必設定停損點，想要不留下遺憾，就要避免做出可能會造成遺憾的舉動。

通常賣掉股票之後，心裡會希望那支股票趕快下跌，但是現實往往不如我們所願。看到自己賺了 5% 就賣出的股票又上漲 10%，這種感覺很痛苦。就像和女朋友分手的痛苦，一方面是因為再也不能和她在一起了；另一方面也是因為她以後愛的是別人。

我嘗試當股價達到設定的目標報酬率時，賣出一部分來實現獲利，並且保留一定比例的持股。這樣一來，假使

賣出後股價下跌，就能掌握低價買進的時機；相反地，如果股價上漲，剩餘的持股還能獲得更多收益。無論股價是上漲還是下跌，這樣的安排都能讓自己處於有利的狀態。

這是我從美元投資上得到的教訓之一。以我有限的能力，還無法確定什麼是好股票、什麼是不錯的公司。不過，如果把美元當成是投資標的，我可以很有自信地說：「它是世上最安全、最好的投資標的。」

有了這樣的確信，無論美元價格是上漲或下跌，都能為我同時帶來收益和機會。趁美元價格上漲就獲利了結；相反地，價格下跌就視為買進的機會。美元價格的起起落落，帶來的是頻繁的投資機會與收益。

現在我該做的事情更明確了，就是發掘像美元一樣安全且有價值的公司股票。

不用擔心被三振出局的投資規則

巴菲特把股票投資比喻為「一場不用擔心被三振出局的棒球比賽」，這句話至今仍被許多人奉為圭臬。

「股票投資沒有好球帶，這裡的投手只需要待在原地

不斷投球。在真正的棒球場上，你必須看準往膝蓋和肩膀之間飛來的球，準備揮棒，否則會被判定為好球。如果被判定太多好球就會出局。但是在股票市場上，即使投手向等待的你投出 25 美元的美國鋼鐵（U.S. Steel）股票，或是 68 美元的通用汽車（General Motors, GM）股票，你也完全不需要揮棒。即使看起來是一顆容易揮擊的球，但是如果你不了解那家公司就不要出手。就這樣等著，在數千顆朝你飛來的球中，直到你看見中意的那顆球再打擊就好。不管是六個月，甚至是兩年，你都不要急著揮棒。」

賭博也很像投資行為，坐在賭桌前喝著清涼的芒果汁，靜靜地觀望也完全沒問題。但是，不熟悉賭場規則的新手都誤以為，只要停一局就必須退出遊戲，或是把位置讓給其他人。

此外，在賭場裡也常見到絕對不會輕易坐下來加入賭局的玩家，他們會四處走動觀察賭場，只在自己認為有利的情況下才會下注，參與遊戲。

有些玩家會穩坐在賭桌前，專注地觀察牌局的走勢；相對地，另有一些玩家會悠閒地只挑有利的機會下注。

這單純只是每個人的遊戲哲學不一樣，並不是對錯的

問題。但是，如果考量賭場的特性是讓玩家的資金越玩越接近零的這種機制，相較於參與所有的遊戲，像等待值得揮棒的球一樣，只在有利的情況下注可能是更明智的方法。一開始，我也是別人眼中的菜鳥，一樣懷著「如果錯過這一局，我是不是就會錯過贏錢的機會？」這樣的焦慮，所以連睡覺和上廁所的時間都省下來，不停地下注，這是最容易血本無歸和當冤大頭的遊戲方式。

看起來似乎永遠不會下跌的股票，卻在你買進的那一刻，好像從來不曾上漲似的一直下跌，你大概也有過這樣的經驗。股票的合理價格應該是先經過分析公司的價值來判斷，雖然股價會因為市場狀況或供需關係而上下波動，但最終會回歸到實質價值，這就是股票的本質。

像巴菲特或是那些懂得該休息時休息、從容下注的職業賭徒一樣，只在想要時進行投資也完全不會有問題。如果我想買的股票高於自己認為的合理價格，最好的選擇就是不買，然後等待。不需要因為錯過買進的時機，看著股價一飛沖天而覺得可惜。

此時此刻，賭場裡每分鐘都有數千場「如果下注就能獲得 100% 以上收益的遊戲」在進行，如果我當時下注了，

可能就中了數十億韓元的樂透,現在已經累積超過 1,000 期了。

與其買了之後失去,不如因為沒有買而後悔。

隨著時間「消融」的錢

正常賭博的成功機率是 50%。賭贏了就能 100% 獲利,賭輸了就是 100% 虧損。像這種正常的賭博不太會發生輸大錢的情況,因為從機率上來看,這次輸了,下一次就會有贏的機會。

不過在可以說是人類貪婪結晶的賭場裡,這種形式的賭博並不存在。即使是像押單雙這種勝負機率各為 50% 的遊戲,賭場也會讓玩家在開始遊戲的瞬間,就處於賠錢狀態。這是因為賭場需要投入巨額成本,來建造建築物、安裝設施、僱用荷官等。基於這些原因,賭場內的所有遊戲都被設計成對賭場有利的結構。

輪盤是一個連新手也能輕易參與的遊戲,它是在一個從 0 到 36 分成 37 等分的旋轉圓盤上,滾動一顆小球,根據小球最終停止的位置來決定輸贏的遊戲。每個數字被分

成紅色和黑色，玩家可以選擇投注紅色或黑色。因為遊戲規則簡單，有很多新手都趨之若鶩。

在紅色和黑色之間下注時，可能會覺得勝率是 50%。但是當球進入數字 0 的那一刻，無論玩家是投注紅色還是黑色，注定會輸錢。因為 0 既不是紅色，也不是黑色，而是綠色；也就是說，總共分為 37 格的數字中，能贏錢的顏色數字是 18 個，而會讓人輸錢的顏色數字則是 19 個。計算之後就會發現，玩家的勝率不是 50%，而是 48.6% 左右，而賭場的勝率其實不只 50%，而是 51.4%。

兩個勝率的差異約 2.7%，這就是所謂的「賭場優勢」，也就是賭場的報酬率。如果你認為對於擁有龐大規模和豪華設施的賭場來說，2.7% 的預期收益不算什麼，那就大錯特錯了，因為走進賭場玩遊戲的人幾乎都不會只玩一局就回家。

假設有一個帶著 100 萬韓元進賭場的玩家持續下注，他在第一局遊戲中將損失總資產的 2.7%，也就是 2 萬 7,000 韓元（約新臺幣 675 元）；在第二局遊戲中將損失剩餘資產 97 萬 3,000 韓元（約新臺幣 2 萬 4,325 元）的 2.7%，也就是 2 萬 5,000 韓元，然後剩餘資產為 94 萬 8,000 韓元（約

新臺幣 2 萬 3,700 元）。

隨著遊戲的進行，資產只會不斷減少，最終玩家的本金將所剩無幾。許多人會在賭場血本無歸，正是因為「賭場優勢」機制，賭徒們以「錢在消融」來形容這種現象。

股市上也存在類似賭場的莊家優勢，證券公司的交易手續費和證券交易稅就是例子。交易手續費會因證券公司而異，較低的有 0.015% 左右，有些甚至免費。截至 2024 年的現在，賣出股票產生的證券交易稅大約是 0.18%。

以 1,000 萬韓元的股票交易為例，投資一開始就已經產生約 1 萬 8,000 韓元（約新臺幣 450 元）的虧損。越頻繁的股票交易，證券公司和政府就賺得越多。交易次數越多，獲利機率就會越低，因為錢不斷在消融。

股票交易的方式根據次數和週期，可以分為薄利策略（又稱超短線交易或剝頭皮交易）、當日沖銷交易、波段交易及長期投資。薄利策略通常是在一天內以 2 至 3 分鐘為持股時限，進行數十次或數百次的超短期交易，是以低買高賣的方式獲利的一種手段。當沖交易是一天內進行數次交易，波段交易則是交易週期為一至五天之間。

除了長期投資以外，像這種頻繁交易的股票交易技

巧，即使股價波動不大，也會導致資金持續流失。

如果有超凡的能力能夠精準做到下跌時買進、上漲時賣出，那麼這種交易方式並不會造成太大的問題，因為與價差利潤相比，手續費和證券交易稅都不會太大。但是如果股價走勢和預期的有落差，損失幅度就會加大，因為除了價差的損失外，還需要加上交易手續費。

即便是利用免手續費的 HTS（Home Trading System）進行股票交易，同樣無法避免 0.18% 的證券交易稅，這就像在玩勝率 49.82% 的賭博遊戲。前面已經說明，持續交易會導致資產以 0.18% 的幅度不斷減少，隨著時間的推移，資金將接近 0。這樣的結果意味著，如果把股票交易當作在賭博，最終的結果就會和賭博差不了多少。

股票與賭博的不同之處，也可以從莊家優勢和交易手續費的結構差異中找到答案。莊家優勢是賭場單方面制定的規則，玩家必須遵守規則才能進行投注，而且手續費通常也相對較高。我之所以會在眾多賭場遊戲裡堅定地選擇二十一點，主要是因為這個遊戲的交易手續費，即莊家優勢，在所有賭場遊戲中是最低的。

如果你是賭場老闆，會選擇多設置一些報酬率較高的

百家樂，還是報酬率較低的二十一點？基於營利的目的，多數的大型賭場裡，百家樂的數量遠遠超過二十一點。

不過，在股票交易中長期投資方式只需要承擔一次的交易稅，而且金額與賭博相比也較低。僅僅是減少買進、賣出的次數，也能提高股票投資的成功機率。

除此之外，不虧損的投資，也就是不做停損，只做獲利了結，也是防止資金消融的方法，這就是會有「賺錢最簡單的投資方式就是忘記股票帳戶密碼」這句玩笑話的原因。

一樣的遊戲，不同的勝率

儘管輪盤的勝率不到 50%，但是如果運氣不錯，還是有 48.6% 的機率能夠贏錢。即便是中獎機率只有 814 萬分之 1 的彩券，每週都還是有中獎者出現，這一點正好證明了，強大的運氣還是有機會可以超越機率。賭場裡有許多人相信這種偉大的運氣，並且前仆後繼地挑戰未知的機率。

即便只有 48.6% 的勝算和運氣，也願意充當武器奮力一搏的人，其實虧不了大錢，抑或即便有所虧損，失去的

速度也是相當緩慢。儘管如此，賭場裡的任何一種遊戲，都無法為玩家保障 48.6% 的勝率。

在輪盤遊戲中，玩家可以自由選擇想要投注的顏色，也可以投注輪盤上的任一數字。如果投注 0 至 36 之間的任一個數字，勝算是 2.7%，如果贏了這一輪，可以期待的獲利就有 36 倍。

賭場正是那些追求所謂「一擊致勝」的賭徒聚集地，因此當你實際遊走賭場，便不難發現投注黑色和紅色的人，多半是出於好奇心而隨意下注的觀光客，一個真正的賭徒至少都是鎖定 36 倍的高報酬而來。

勝率只有 2.7% 的賭局無疑是高風險的賭博行為，但還是有許多賭徒對這個機率視而不見，把自己的資本和命運寄託在運氣之上。他們認為與彩券的中獎機率相比，2.7% 算是相當高的勝率。

無論是賭場的賭客，還是股票投資人，貪婪的本性似乎都永無止境。比起每天的漲跌幅低於 5% 的大型股，許多人更青睞從跌停一路漲停，漲幅高達 85% 的小型概念股。在同一場賭局裡，有的玩家偏好安全的賭注，有的玩家則喜歡刺激的賭局，在股票交易上也是如此。

我能從危機四伏的賭場存活下來，主要是因為只選擇風險最低的賭局，也就是莊家優勢最低的遊戲。假使我不了解或是根本不知道賭場自有一套「莊家優勢」的潛規則，可能會以為「賭博都差不多」，然後沉迷於像百家樂這種有趣又刺激的賭博遊戲。

　　據我所知，二十一點的「莊家優勢」大約是 0.4%，雖然勝率只有 49.8%，不到 50%，但是和前面提到的輪盤 2.7% 的「莊家優勢」相比，顯然二十一點是對玩家更有利的遊戲，恰巧這一點和證券交易稅的 0.18% 稅率類似。

　　我會開始接觸二十一點，主要是因為有一次聽別人說：「二十一點是賭場裡唯一能穩操勝算的遊戲。」可是，後來發現現實與理論之間有著莫大的差距。儘管和其他遊戲相比，二十一點更有利於玩家，但這並不代表就能輕易獲勝。

　　二十一點不同於其他遊戲的特性在於，玩家的策略和技巧會直接影響勝率。勝率 49.8%，玩家如果操作不當，勝率有可能就剩下 30%，甚至是低於 10%。雖然這是一個十分極端的假設，但是如果玩家一直不停要牌，勝率甚至可能會是 0%。

聽信他人說：「投資股票是比賭博更安全又有效率的理財手段。」自己卻沒有任何相關研究或了解就跟風投資，就和完全不懂遊戲規則與策略，貿然玩二十一點的菜鳥差不多。我能從二十一點遊戲贏錢，主要是事先針對基本的遊戲規則、操作策略、投注策略，以及自我心理調適各方面，都做過深入的研究和準備，而這些知識都有助於我在遊戲中做出更明智的決策，降低風險並提高勝率。

即便是二十一點牌局的玩家，有人贏錢，也有人賠錢；同樣地，買了同一家公司股票的投資人，有人獲利，也有人虧損，這並不是遊戲本身的問題，而是操作方法的問題。

是黃金槓桿，還是壞槓桿？

槓桿是能將獲利極大化的一種有利工具，就像利用槓桿原理可以輕鬆舉起重物，所以妥善運用槓桿原理能獲得良好的投資效果。阿基米德說：「只要是大小和強度都符合的槓桿，你想把地球舉起來都不成問題。」這句話同樣適用於投資。

期貨、期權和外匯保證金交易（FX Margin Transaction）等，都是能夠實現高槓桿效益的投資商品。例如，「10 倍槓桿」就是用 100 萬韓元來賭可能賺到原本的 10 倍，約 1,000 萬韓元。當然，風險也會提高。

投資 100 萬韓元之後，假使下跌 10%，損失的金額就是 10 萬韓元；可是，假使你用 10 倍槓桿來投資 1,000 萬韓元，下跌 10% 的損失就會變成 100 萬韓元，甚至一不小心可能會因而損失全部的本金。利用 10 倍槓桿，意味著 10% 的損失可能就足以導致破產。

你也可以把槓桿策略用在賭桌上，就是向別人借錢來賭博。例如，借 1,000 萬韓元來下注，然後將贏來的錢立刻歸還本金，就相當於你是以 0 元的投資實現 1,000 萬韓元的獲利。在股票的投資上，經由融資或利用信用貸款來操作槓桿並不難，但是利用槓桿策略一定要謹慎再謹慎。

在我們的生活中，房地產買賣是很常見的槓桿投資。對一般人而言，住宅、公寓等房地產的價格難以負荷，不使用槓桿策略的情況下，幾乎不可能下手。人們之所以會放心地採用槓桿策略來買下房地產，部分原因是房地產的價格相對穩定，雖然在某些情況下房價也會下跌，但是跌

幅超過 50% 的情形並不多見。此外，現貨資產的價值會受到通貨膨脹的影響而隨著時間上漲，這一點也是事實。

運用租金和買賣價格之間的價差，操作的「差價投資」，比如用 5,000 萬韓元（約新臺幣 125 萬元）買下一間價值 5 億韓元的房子是有可能的，也就是實現 10 倍槓桿策略的效果。作為保證金[12]的租金不需要像房貸那樣支付房客利息，因此房東可以充分享受到槓桿策略的好處。

在社群論壇或房地產書籍裡，經常可以看到一些人分享他們在短時間內透過房地產賺取高獲利的故事。例如，某人說自己在一年內買了 10 間房子或是持有 100 間公寓，這些都是顯示槓桿效益的例子。

我目前的資產主要是房地產，也都是因為槓桿而來的成果。購買公寓和其他建築所投入的資金，除了是自己的資本外，也包括銀行貸款。

有一次和某家房地產經紀人討論想入手投資用公寓的事，當時他告訴我：「這個區域因為經濟衰退，可能會出

---

12 譯注：韓國特有的全租房制度，通常租約為兩年以上，房客僅需支付全額的 50% 至 80% 租金即可入住，期滿可領回全額租金。租約期間無須支付額外租金，需自行負擔管理費及水電費。

現短期的房價下跌，但是過去十年來，這裡沒有任何房價下跌的例子。」

房地產經紀人有可能是為了促成交易，而犯下說明過於簡略的錯誤。他刻意隻字未提十年期間通貨膨脹影響造成的幣值下跌，所以價格未上漲的房子實際上應該視同價格下跌。

以股票來說，漲停時買進，卻在跌停時賣出的話，一天內可能會承受近 50% 的損失。如果以 3 倍槓桿來說，短短幾分鐘內可能會面臨破產的風險。

有些人認為自己因為資金不足，所以無法賺到大錢，於是選擇用房子抵押貸款去投資股票。用房子做抵押借款的行為，等於是啟動一次槓桿，因此如果將這筆錢拿去投入股市，會變成你必須同時應付兩個槓桿。這是最容易讓你的資產像骨牌一樣瞬間崩潰的方法。過度使用槓桿，一不小心可能會折損了槓桿效益。

槓桿策略應該是在價格的下跌底線明確時使用，更妥當的做法是在確定可獲利時才使用。以這個角度來說，股票投資是無法掌控價格下跌的底線和收益實現的可能性，因此使用槓桿策略非常危險。

是否為強大的金色槓桿,或是脆弱的腐爛槓桿,都取決於投資標的的分量,即投資標的的價值。個股適用槓桿策略的限制不盡相同,我想這是因為價值上的差異。

　如果對投資標的的價值缺乏信心,不用槓桿策略才是明智之舉。

第 3 章
挑選一支好股票

從賭博領會量化投資

量化投資（量化交易）是指先行分析大量的股市和金融市場的模式，然後將數據制定成一套電腦下單程式，應用於股票投資等領域。

人稱量化之父的愛德華・索普（Edward O. Thorp）曾在賭場贏得巨額的財富。他把針對二十一點的分析資料電腦化，成功找到擊敗莊家的方法，並且將研究結果以《戰勝莊家：二十一點的致勝策略》（*Beat the Dealer: A Winning Strategy for the Game of Twenty-One*）為題，投稿給當時的美國數學學會（American Mathematical Society）。他在拉斯維加斯的賭場證明這套理論的可行性，並且採用這套理論得到巨額的獲利。

賭場因為索普的理論而陷入危機，於是試圖找出能夠從根本上妨礙計數牌面的方法，無法繼續從二十一點遊戲獲利的索普只好將目光轉向股市。

經由賭博開始接觸股票投資的我，對索普的傳記產生興趣。當我知道他停止賭博，並以「首位量化投資人」在股市中成功的故事，我一度認為是賭博的經歷將自己導向

股票投資。

索普曾說遇見巴菲特是他的一大幸運,並於 1982 年將投資組合的 100% 投入波克夏‧海瑟威(Berkshire Hathaway)[13],他表示波克夏‧海瑟威的股價就是市場的價值股指數。他不但讓我了解到股票投資的分析方法,也讓我領會到巴菲特的投資哲學竟與量化概念不謀而合。

漫畫《灌籃高手》主角櫻木花道的經典臺詞:「左手只是輔助。」他認為最終還是要靠右手才能進球。乍看之下,打籃球好像應該用雙手投球才會更準確,但是要正確地保持雙手的平衡其實很困難,所以讓右手來控制球的方向和力量,而左手用於輔助,這樣才有利於投出好球。

我認為的量化投資就是這種「輔助」角色,是不可或缺的技術。右手的角色不該由左手代替,以價值投資為核心的投資哲學才是王道。沒有對這樣的哲學有所認知,包括量化投資在內任何的股票評估指標,也都只是一連串毫無意義的數字。

量化投資大致上可以分為基本面分析和技術面分析的

---

13 譯注:巴菲特創辦,是世界知名的保險和多元化的投資集團。

數據。技術分析之一的圖表分析，是基於過去的足跡預測未來的走勢，因此如果將量化投資作為技術分析的指標很有可能會重蹈覆轍。

如果將量化投資當作短期交易的機器人使用，將是根據投資標的的供需或短暫的交易走勢進行股票交易。這樣的交易模式與股票圖表分析可說是出自同一個脈絡，卻與價值投資的基本面分析毫無關聯。我自己則是將量化投資的概念應用於基本面分析，而非技術分析，以利發揮其「輔助」作用。

某資產管理公司曾做過一項實驗，購買韓國股市「低本益比（PER）＋低股價淨值比（PBR）」排名前二十的股票，並且按月重新分配投資比例，然後靜待結果，這項實驗就是廣為人知的基本量化投資的魔法公式之一。實驗結果是他們在兩年內達到53%的報酬率，顯著超越同期市場報酬率。而且過去如果以這種方式持續投資十七年，實現的報酬率將高達140,000%。

關注低本益比和低股價淨值比的這類投資分析，就代表投資人雖然看法分歧，但同時也意味著他們都「相對」投資了被低估的股票。此外，從持續兩年的時間來看，這

樣的數據必定是長期投資的結果。

我想追求的量化投資，是以能夠顯示公司價值的指標為基準。除了本益比和股價淨值比，也包括股東權益報酬率、營收成長率、營業利益成長率等多種歷年指標，而重點在於評估企業是否仍然持續成長。

完全明白量化概念的我，開始思考如何實際應用於股票投資。雖然我沒有能力開發出能夠自動化股票交易、具備複雜演算法的機器人（順帶一提，本書初版在韓國出版的 2020 年時，我確實還沒有這項能力，但是三年後的今天，我已經奇蹟般地具備這項能力），所以我決定尋求其他有助於運用量化概念，來挖掘價值股的方案。

不懂怎麼做量化沒關係，至少要懂得怎麼挑選股票

從茫茫股海中，想找一家實際表現良好又具備成長潛力的公司，參考該企業歷年來的業績會很管用。稍微誇張一點來說，五十年來獲利穩定且持續成長的公司，在一夕之間倒閉的機率是很低的。正如林區所說的，除非你是製

造「駕馬車的鞭子，或真空管收音機的公司」，否則根本不用操心公司的穩定性。

當然，我們無法免於因為經濟衰退、貿易爭端或全球疫情等外部因素，導致的短期股價下跌，但是基於通貨膨脹帶來的營收成長，股價還是有機會呈現上漲趨勢。

那麼，現在只需要專注地找出和自己重視數據相符的價值股。分批交易和再平衡之類的投資技術，都已經準備就緒，就是七分法股票投資系統。

話雖如此，要在眾多上市公司中，找到符合自己胃口的公司並不容易。我可以把每家公司的相關資料都找一遍，分析財務報表、觀看營業報告書、查看網路證券平臺提供的各種資訊，只是這種做法非常耗時又繁瑣。我發現無法從資料上判斷一家公司的價值，即使找到不錯的公司，也無從辨識該企業的好壞，才明白「過度的努力只是白費力氣」。

後來開始使用 HTS 的「股票篩選器」，才徹底解決我的困擾。利用這個功能選出低本益比＋低股價淨值比排名前二十的股票不過是幾分鐘的事，並且詳盡註明所有搜尋結果中的股票都符合哪些篩選條件。

例如，HTS 為尋找「大型低估績優股」的投資人推薦的股票條件，包括「市值超過 5 兆韓元（約新臺幣 1,250 億元）、負債比率低於 150%、營業利益率高於 7%、利息保障倍數超過 2 倍、本益比低於 15 倍」等。這些條件都以當前股價和近期財報為篩選的基準，還可以視個人需求調整時間點。此外，也可以依據個人投資偏好，將「本益比低於 15 倍」改為「本益比低於 10 倍」等，更改篩選條件。

對已經有豐富的股票投資經驗的高手來說，這樣的工具有助於他們更為務實及準確地定義大型低估績優股的概念。但是，大部分的投資人對大型低估績優股的認知都僅限於「股價大幅下跌的知名品牌公司」，人們需要企業的歷年績效數據來突破這樣的認知，而有助於蒐集這些數據的管道正是股票篩選器，也是建立量化投資的基礎，就是我們所說的計量分析。

我試著運用從賭博中練就的投注技巧，以及美元投資經驗中領會的交易技巧，也就是自己豐富經驗的集大成──「七分法」，以計量分析這個基本量化概念為前提，透過股票篩選器挑選值得考慮的公司。首先，我了解到公司的業務績效，以及相應的股價指標個別的意義。

KOSPI 和 KOSDAQ，選哪一個好？

安排夏日假期出門遊玩要入住的飯店，必須考慮很多問題：是否提供免費早餐、是否有游泳池、是否可以使用免費 Wi-Fi、是否允許攜帶寵物，以及距離機場和市區有多遠等，這樣才能確保有一個舒適愉快的假期。

選擇一支足以保障我的資產，更長遠來說，還要能保障自己人生的股票，依賴不確定的直覺或聽信來源不明的推薦是極其冒險的事。挑錯飯店最多也就是被同行的伴侶抱怨，自認理虧，但是如果選錯了股票，這個痛苦可能會影響你一輩子。挑選飯店可以憑直覺，輕鬆就好，挑選一家好公司的標準卻複雜得連專業術語都難以理解。即便如此，我們要明白股票投資不是靠運氣或機率，而是仰賴不斷的研究和努力。

HTS 的股票篩選器可以指定範圍、市場分析、技術分析、財務分析和排名分析等，其中包括財務分析等價值投資必要的元素，但是也可以看到以圖表為基礎的技術分析或模式分析等，不符合長期價值投資的元素。

我確定自己只需要基本分析，也就是只需要公司的財

務績效數據,所以一開始就不打算蒐集這些技術分析面的數據。均線、網狀圖、分離圖、三線圖、大陰線、墓碑十字線等,都不是很容易理解的分析數據,還好這些都是我從一開始就打算忽略的技術分析面產物。

「交易所/KOSDAQ剖析」是我用來挑選投資公司的第一個篩選條件,這是一項可以用來判斷自己有興趣投資的公司,是在交易所上市或在KOSDAQ上市的工具。可以設定更詳細的條件,例如KOSPI 200或KRX 100等。

打算投資的公司是屬於KOSPI或KOSDAQ,以往的經驗告訴我,掌握這一點非常重要,因為個股其實很難逆轉股價指數的大趨勢。如果你的目標是以科技股為主,進行激進投資,那麼不一定要區分交易所;但是如果要安全穩定的投資,選擇在KOSPI上市的公司會是比較有利的對象。

你有多少資本?

有個朋友想開一家炸雞店,但是資金不足,詢問我有沒有興趣投資。這時候,一般可能都會先問:「你打算花多少錢開店?」既然是創業,就需要先知道總成本,才能

了解朋友想開的店是多大的規模,並且可以大略估算一下我能資助的金額。

如果朋友打算準備 1 億韓元作為創業的總資本,並且希望由我全額投資 1 億韓元,這件事情就沒有進一步討論的必要。可是,如果他的想法是總資本 1 億韓元中,只要我投資 1,000 萬韓元,並且給我 30% 的股份,這件事情就值得考慮。因此,假使你的投資對象是處於草創階段或小規模的公司,就應該特別重視資本規模。

截至 2023 年 11 月為止,韓國上市公司中資本超過 1 兆韓元（約新臺幣 250 億元）的公司有新韓金融、現代汽車、韓國電力、SK 海力士等一共 24 家企業。這裡比較值得關切的是,市值第一的三星電子卻不在名單中,意味著資本的規模不一定與公司的當前規模成正比。

即便資本較少,經過長期穩定的成長也能發展成大規模的公司,當然有時也會有相反的情形。另外,有的產業比如銀行這類公司,一開始就需要投入大量的資本;而仰賴創意或技術的創新來發展的公司,也有很多是小規模的資本。因此,根據資本規模篩選價值股的情況下,所能蒐集到的資訊難免會受限。不過,如果業績差不多的兩家公

司中只能選擇一家投資，視資本規模的多寡來提高投資的穩定性其實會更重要。

在股票投資的過程中，有時候會遇到一些意想不到的困境，比如增資和減資。增資是指公司額外發行股票，以增加資本的行為；減資則是公司為了縮小規模或合併，而減少資本的行為。以資本是公司生存的基礎而言，資本的變化意味著公司的價值也會隨之變化，因此你必須正確理解這些變化的意義。

增資分為有償增資與無償增資。其中，投資人特別需要關注有償增資。因為一家公司如果開始增加資本，目的主要是為了籌集企業活動所需的額外資金。

公司籌集額外資金的手法，除了以公司名義發行債券或是向銀行借款外，還可以透過增加股票數量，並出售給現有或新的投資人，這就是有償增資。和發行債券或是銀行貸款相比，有償增資由於沒有必須償還本金與利息的壓力，因此深受青睞。

一家公司需要額外資金的情況，主要可能性有兩種；一是持續虧損，導致營運資金不足；二是基於追求更大的利潤，需要進行大規模投資。如果是前者，投資人應該先

了解清楚該公司的價值是否受損；如果是後者，可以視情況考慮是否進一步投資。

有償增資，根據招募新股東的方式主要分為三種：一是向現有股東分配新股認股權的「股東認股方式」；二是讓公司關係人或交易夥伴成為新股東的「第三方配售方式」；三是不特定對象的「一般公開發行方式」。

假設某家公司的主要客戶是三星電子，採用第三方配售方式進行有償增資，公司的內在價值將會大幅提升。但如果是採取股東認股方式或一般公開發行方式，而且新增資金的用途不具說服力，或者有償增資失敗的可能性較高，該公司的內在價值必定會有問題。

回到開炸雞店的例子，從我的立場必須考量的關鍵是，朋友想要增加額外資本的原因，究竟是基於外送客人太多，需要增加外送機車的數量，還是因為客人太少；或是他想要多開發一些新菜單，像是炒年糕之類的品項。

為了避免面臨有償增資的問題和資本虧損等最壞的情況，我認為投資的資本一定是要對自身有利的規模，因此決定針對朋友的投資提議，好好檢視各方面的條件。

股價高就代表大公司？

樂天七星在 2023 年 11 月的股價是 14 萬 1,600 韓元（約新臺幣 3,540 元），而三星電子的股價是 6 萬 7,300 韓元（約新臺幣 1,682.5 元），單純的股價數字沒辦法顯示出這兩家公司的價值。

對有過股票投資經驗的人來說，這是大家可能都知道的常識；但是對不曾做過股票投資的人和初學者而言，多數人可能不明白這個數據顯示的意義。

確定流通的股票數量後，就可以透過計算該公司現階段的市值，來估算該公司的規模。市值可以透過流通的股票數量及股價相乘得知。樂天七星的流通股數為 927 萬 8,884 股，根據股價可以算出該公司的市值為 1 兆 3,139 億韓元（約新臺幣 328 億 4,750 萬元）。三星電子的流通股數為 59 億 6,978 萬 2,550 股，市值為 401 兆 7,664 億韓元（約新臺幣 10 兆 441 億 6,000 萬元）。

現在可以明確看出兩家公司在規模上的差異。市值較高的公司，股票必然更為穩定，所以無論是安全的股票投資，還是積極的股票投資，把市值作為檢視的條件都是理

所當然的事。

　　為什麼篩選優質股票的條件時，需要考慮流通的股票數量？這是因為交易量對股價的漲跌會有很大的影響。事實上，長期價值投資中股票本身的價格和流通股票的數量，並不是特別需要考慮的因素，但對短期的股價波動而言，這些因素卻是非常重要的變數。

　　股價一度超過 200 萬韓元（約新臺幣 5 萬元）的三星電子股票，在經過股票分割，也就是增加流通股票數量的過程後，現今是以 6 萬韓元（約新臺幣 1,500 元）左右的價格就可以交易。這讓許多原本想投資三星電子卻無法投資的散戶，有了成為股東的機會，可能會透過交易量的增加，進而帶動股價上漲。

　　另一方面，如果流通股數相對於市值來說多出太多的話，雖然有助於增加交易量，但是也可能暴露於劇烈的波動中，對投資人來說並不一定有利可圖。

　　與市值和流通股數相關的條件，還包括面額。面額是首次發行股票時設定的金額，通常是 5,000 韓元，但是近年來也有很多股票被分割成 1,000 韓元、500 韓元（約新臺幣 12.5 元）或 100 韓元（約新臺幣 2.5 元）的價格。就

像前面提到的三星電子案例，當面額經過分割時，在外流通股票數量就會隨之增加，可能出現刺激交易量和波動增加的雙重效果。

在韓國，截至 2023 年 11 月，一些股票如 NAVER 每股價格超過 18 萬韓元（約新臺幣 4,500 元），面額僅 100 韓元，但是也有像未來資產生命公司那樣股價低於面額的股票。

當面額經過分割導致股價降低時，原本因資金不足而無法購買股票的散戶，就有機會加入市場進而推升股價。不過，2018 年曾發生 NAVER 公司將面額從 500 韓元降到 100 韓元時，股價反而下跌，單日市值蒸發 8,000 億韓元（約新臺幣 200 億元）的例子。

事實上，面額本身是考慮投資時，幾乎不具任何參考意義的數字。不過，過高的面額設定，可能會讓股價看起來較高，從而誤導新手投資人，因此需要謹慎留意。

順帶一提，面額合併是面額分割[14]的相對概念，是將

---

14 譯注：韓國股票市場採用的面額有 100 韓元、200 韓元、500 韓元、1,000 韓元、2,500 韓元、5,000 韓元，其中標準面額為 5,000 韓元。面額之所以重要，是因為根據大韓民國會計準則，基本資本金是以面額金額來表示。

面額較低的股票予以合併，好提高面額。面額合併後，在外流通股票數量會減少，這一點與面額分割的效果相反。

　　與面額分割的效果不同的是，面額合併的優勢也許並不存在，抑或微乎其微，但是對於公司的基本價值並無影響。例如，面額為 100 韓元的股票目前股價為 500 韓元，在經由合併將面額調整為 200 韓元（約新臺幣 5.1 元）的情況下，股價可能會上升至 1,000 韓元，從而擺脫「零錢股」的負面形象。然而，面額合併有時可能會被一些股價過低的公司作為「障眼法」的手段，所以需要特別留意。

　　交易量偏低的股票，可能會面臨無法在希望的時機和價格點出售的情況，這是因為股票交易的基本規則是必須有買家才能賣出。因此要記得，選擇交易量和發行股數多的公司的股票才對投資人有利，這一點非常重要。

從保證金率判斷一家公司的價值

　　保證金率是指購買股票時可使用的貸款額度；換句話說，就是以比例形式表示可使用的槓桿額度。保證金率會依照證券公司、股票類型而有不同的設定。當保證金率的

規定為 100%，在購買股票時將完全無法使用槓桿，有 100 萬韓元就只能買 100 萬韓元的股票。

某些股票的保證金率為 20%，意思是購買價值 100 萬韓元的股票時，只需要 20% 的現金，也就是用 20 萬韓元就可以買到股票。假使是用 100 萬韓元的現金，意思就是可以啟動 5 倍的槓桿，來購買價值 500 萬韓元（約新臺幣 12 萬 5,000 元）的股票。

那麼保證金率高的企業和低的企業中，哪一方較有價值？我可以使用股票篩選器平臺，查看有哪些保證金率為 20% 的企業。由於無法將 350 多家企業全數列出來比較，因此僅僅搜尋市值超過 10 兆韓元（約新臺幣 2,500 億元），且名稱以英文字母開頭的企業，搜尋結果出現的企業，分別是 KB 金融、KT&G、LG 電子、LG 化學、NAVER、SK 等公司，這些大多是韓國人熟悉的、有品牌價值的大公司。

後來我又搜尋了保證金率為 100% 的股票，即無法借貸、完全無法發揮槓桿效益的股票，搜尋結果顯示一共有 700 多家企業，但是沒有任何一家公司市值超過 10 兆韓元。而市值超過 1 兆韓元的公司有金陽、彩虹機器人和新星德爾塔科技等。

資本主義社會裡，用於擔保的資產僅限於有價值的資產。幾年前，買房的擔保貸款可以貸到市價的 70%，相當於股票保證金率的 30%。沒有什麼價值的房子，銀行就不會接受作為擔保，即便接受了，貸款額度也非常低。因為當債務人無力償還貸款時，銀行就會清算擔保品來扣抵債務。

把這個邏輯應用在股票上，可得出以下結論，作為擔保物比較有價值的、能借到更多貸款的股票當然比較有價值，而保證金率較高的股票則相反。

保證金率的存在，應該是為了讓投資人能以較少的金額，購買更多的股票而設置，但是我不會把保證金率視為依據來啟動槓桿機制。

「可使用槓桿機制」與「投資於能使用槓桿機制的股票」看來差不多，但實際上是完全不同的兩件事。啟用槓桿機制可能是高風險的行為，但是投資一家提供高槓桿機會的公司股票反而相對安全。能以投資金額的 5 倍購買股票的可行性，從供需的角度而言，對投資人相當有利。我想，應該在股票篩選器加入低保證金率的需求。

不是所有的獲利都一樣

　　股票投資，其實就是等著分到投資公司將產生的利潤按照金額比例分配獲利的行為。無論公司是否實際獲利，投資人都不一定能分到股價變動而來的投資收益，但是以長期投資的角度來看，投資人的收益主要還是取決於所投資公司的利潤多寡。

　　從投入的資金能創造出多少獲利是關鍵的角度，對於所投資公司的利潤結構有所了解，並且確實掌握訊息，在股票投資上是非常重要的事。

　　一家公司通常有各種計算利潤的標準。將利潤劃分成多個形式，絕對不是為了讓投資人看不懂實際利潤，少分一點給投資人，而是為了提供投資人資訊，以便確實了解所投資公司的利潤，是否來自正常的營運及正當取得。即便資料整理得再好、再詳盡，投資人如果不去看或看不懂，就沒有任何意義。

　　假設現在有一家專門供應雞肉給炸雞公司的供應商，當你得知「這家公司去年的利潤是10億韓元」時，其實無法判斷這個利潤究竟是銷售雞肉而來的，或是廠商迫於

經營不善,變賣部分工廠所換來的金錢充當利潤。

利潤分類如下:

■ 銷售毛利:指銷售而來的利潤,這裡的利潤較不難理解。假設一年內銷售雞肉的營業額是 20 億韓元,購買雞隻和雞肉加工的成本為 10 億韓元,銷售毛利就是 10 億韓元。

銷售毛利=銷售額－銷售成本

■ 營業利益:銷售毛利減去銷售費用和管理費用而來的數據,能夠反映出公司經營的利潤情況。

營業利益=銷售毛利－銷售費用與管理費用

■ 經常性利潤:一家公司的利潤除了來自主要營運的業務收益之外,如存款利息、投資收益、匯兌收益等也是利潤的來源;相反地,也可能因貸款利息、投資損失、匯兌損失等而損害到利潤。經常性利潤是營業利益與主要業務以外的活動,所獲得的收益及損失加以合併的結果。

經常性利潤=營業利益＋業外收入－業外費用

■ 淨利：經常性利潤中扣除特殊收益與特殊損失，即發生頻率較低的收益和損失，以及法人稅等稅項後的結果。一般而言，淨利約為營業利益的 70% 至 80%。

淨利＝經常性利潤＋特殊收益－特殊損失－稅金

現在，我們要想想如何將這些數據作為價值評估的指標，而最能體現公司價值與股價之間關係的指標──本益比，就是以淨利為基準。

因此，如果同時比較本益比和淨利的成長率數據，我們可以看到現行股價的合理性及未來的成長潛力。此外，只靠淨利成長率無法充分判斷主力業務的表現，所以還需要透過營業利益成長率等數據，確認公司是否朝著正確的方向繼續成長。

投資的獲利有多少？
本益比（Price to Earnings Ratio, PER）

用 1 億韓元創業，開一家炸雞店，需要經營多久才能回收投入的資金？這個即便是開一家小餐館也要會的簡單計算，往往是多數股票投資人忽視的問題。其實，最大的

原因就在於那些難懂又叫人眼花撩亂的股票術語。

在股票價值評估中，不能沒有也不可或缺的「本益比」（Price to Earnings Ratio, PER），對初學者來說，並沒有實質上的意義，因為他們不懂這是什麼。

本益比是將股價除以每股盈餘（Earnings Per Share, EPS）得出來的比率，就是股價與每股淨利之間的數值比較，也可以將市值除以本期淨利來計算。

假設用1億韓元開一家炸雞店，一年後淨賺2,000萬韓元（約新臺幣50萬元），由此可以推算，持續經營五年才能回收最初投資的1億韓元，以股價指標表示「本益比為5倍」。

假設一家市值100億韓元的公司，在一年內創下20億韓元的淨利，那麼5年後可以收回相當於市值的投資金額，本益比為5倍。如果這家公司因為股價下跌，導致市值降到60億韓元（約新臺幣1億5,000萬元），但是在20億韓元的淨利保持不變的情況下，則本益比會降到3倍。

這裡值得注意的是，儘管市值發生變化，但是淨利保持不變的事實。市值的下降僅僅是股價下跌的結果，並未影響可以作為公司價值衡量標準的淨利，這表示股價的下

跌與公司的價值不成正比。

最終，公司的本益比從 5 倍降至 3 倍，意味著公司的價值並未改變，而是股價更便宜了。

到這裡，我想到一個問題，即便股價和公司的實際價值無關，那麼股價高並不代表公司的價值被高估；同樣地，股價低是否也不代表公司的價值被低估？

淨利保持不變的前提下，對未來價值的高度期待，會促使股價上漲，從而提高本益比；對未來價值的失望，則會導致股價下跌，進而降低本益比。因此，這表示本益比並不足以作為決定一家公司內在價值的絕對指標。

以上因素造就像是生技股、遊戲股這一類，預期未來會有大利多及成長的熱門股票較高的本益比，而製造業或銀行等相對穩定且波動性低的產業往往本益比較低的情形。因此，有些投資人看中高本益比的心態上，如果認為相對於當前股價未來的價值可能更大時，還是會放手一搏。

因此，觀察特定股票某期間本益比的變化，或是與同業其他公司的本益比加以比較分析，才是更為明智的做法。

例如，假設你認為某支很有潛力的股票本益比是 20 倍，處於高估的狀態，你可將它列入關注項目而不要入

手,等到有一天因為股價大跌或是淨利增加,造成本益比降到 10 倍,這時你就可以確定該股已進入低估狀態。

另外,同業裡其他公司的本益比大部分是 20 倍,但其中一家公司卻只有 10 倍,這家公司就是值得你關注的對象。

進一步了解這家公司的本益比較低的原因也一樣重要,如果是因為業主風險、財務造假,或者可能是嚴重損害公司價值的事故,導致股價下跌等因素,造成本益比降低,那麼根據最近財務報表的淨利計算出來的本益比,就會是不可信賴的股價指標。

對本益比有了全盤的概念後,我開始思考該怎麼把這個概念運用在條件篩選的過程。只是可惜,我發現沒有其他可用於搜尋本益比的波動性,或是相對產業平均值較低的本益比可以參考的範例。基於我認為挑選一家安全且穩定的公司去投資,對自己才是最重要的價值,於是決定以低本益比的公司作為投資的對象。

企業破產也能拿回的資金
股價淨值比（Price to Book Value Ratio, PBR）

有一次朋友找我去他經營了十年的炸雞店坐坐，然後他說經過十年的努力，存下 12 億韓元（約新臺幣 3,000 萬元），終於買下原本租用的店面。他借了 2 億韓元（約新臺幣 500 萬元）的銀行貸款，所以這家店實際的淨資產是 10 億韓元。

朋友看著我一臉羨慕的表情後，提出一個建議。他說需要 1 億韓元，更換老舊的炸雞機器和進行店面翻新，如果我投資 1 億韓元，他願意給我炸雞店 50% 的股份。換作是你，會接受這個提議嗎？

你可能會覺得「這家炸雞店有 10 億韓元的淨資產。如果用 1 億韓元換得 50% 的股份，就算現在立刻關門大吉，資產處分之後，我可以分到 5 億韓元，算下來，我實際可以拿到的獲利是 4 億韓元（約新臺幣 100 萬元）的投資收益。」這個機會聽起來十分吸引人，而且可能很難再有第二次了。

這種事情似乎不可能會真的發生，但是在股票市場上像這樣以低價得到公司股份的機會其實常有，股價淨值比

（Price to Book Value Ratio, PBR）是股價除以每股淨值（Book Value Per Share, BPS）低於1倍的股票，就是屬於這一類。

股價淨值比的比率，也就是比較股價和每股淨值的數據，有時也會以市值除以淨資產計算。

為了讓大家方便理解，我們回到炸雞店的例子。假設炸雞店的淨資產為10億韓元，而每股淨值為2億韓元（為了便於說明，暫且假設這是一家以1股成立的公司），則該公司的股價淨值比就是0.2倍。

易買得（E-Mart）截至2023年11月的股價淨值比是0.18倍，與炸雞店的情況類似。易買得的淨資產13兆5,000億韓元（約新臺幣3,375億元），市值2兆154億韓元（約新臺幣538億5,000萬元）。如果你認為沒有理由不投資炸雞店，也應該想一想不買易買得股票的理由。

當然，股價淨值比無法作為股票價值的絕對指標。假使真的只看股價淨值比就投資，並且真的分到炸雞店50%的股份，萬一第二天店裡突然起火，燒毀了一切，或是發生顧客食物中毒事件，要支付10億韓元的賠償金，更有可能因為突如其來的金融危機導致生意不佳，最後連一點

點可以清算的資產都不剩，只好宣告破產都是有可能的事。也或許周邊商圈的衰退影響到店鋪，然後房價就只剩下一半。

易買得一樣有可能股價淨值比雖低，但是業績持續惡化，或者政府的相關政策對業務造成不利的影響，導致收益下降。這些假設的情況如果持續發展下去，最後也會發生連資產都所剩無幾的情況。

計算股價淨值比所依據的資產規模衡量，也可能缺乏客觀性。例如，製造公司持有的大量機器設備在公司破產清算時，完全無法保證能夠收回設定為資產的金額。公司持有的不動產價值也只是估價而已，如果沒有人要買，就只能以低於評估的價格來清算。

對於持有大量難以客觀評估價值的無形資產（如軟體、智慧財產權、著作權等）的公司來說，其股價淨值比同樣無法視為可靠的數據。因此，股價淨值比和本益比一樣，不應該僅憑絕對數值作為企業評估的指標。

股價淨值比是既不能忽略，也不足以完全信任的數據，如何把它列入價值評估成為非常困擾我的問題。正因如此，許多投資人都選擇乾脆將股價淨值比從價值評估項

目中徹底排除。

儘管如此,我仍試著從投資專家的說法,再次衡量自己的問題,我想起量化投資的魔法公式裡,提到另一個指標——「低股價淨值比」。

銷售額大的公司與銷售額成長的公司
股價營收比(Price to Sales Ratio, PSR)

「用 1,000 萬韓元賺 1,000 萬韓元」和「用 1 億韓元賺 1,000 萬韓元」,哪一邊更值得?這個問題根本不用多想。從獲利的角度來說,用小資本獲得大額利潤自然更有投資價值,這是大家都知道的道理。但是,如果把問題的內容變化一下,問題就會有難度了。

「用 1,000 萬韓元賺到 2,000 萬韓元」和「用 1 億韓元賺到 1 億韓元」,哪一個投資更值得?前者的報酬率為 200%;而後者的報酬率是 100%。如果從報酬率來看,前者更有價值;但是從銷售和收益的規模來看,後者的差異更明顯。

有人可能會認為用少量資金獲利 200% 的報酬率,風險相對比較小的前者更有投資價值;也有人會認為後者的

報酬率雖然低，但是賺更多，因此更有投資價值。

如果說透過本益比可以看出個股所能獲得的淨利大小，股價營收比（Price to Sales Ratio, PSR）顯示的就是，個股所能獲得的銷售額大小。

當然，光從銷售額不足以看出公司的價值。有的公司是明明創造100億韓元的銷售額卻虧損，而有的公司雖然是只有10億韓元的銷售額，卻實現5億韓元的利潤。

基於以上的因素，股價營收比作為衡量公司價值的指標上無法發揮有利的作用。不過，以1萬韓元只創造出1,000韓元銷售額的企業，以及同樣用1萬韓元卻創造出1萬韓元銷售額的公司，其潛在價值顯然是不同的。

此外，股價營收比的變化趨勢是一個有參考價值的指標。例如，某公司的股價營收比在股價不變的情況下從10倍降到1倍，可以判斷該公司在銷售上取得顯著的成長。

誠如本益比所代表的意義，如果同業的股價營收比是10倍，而某公司的股價營收比是5倍，這家公司就值得我們關注了。公司在根據供需法則運作的生產活動中，如果銷售額大，則有利於實現規模經濟，因此能夠透過降低成本和大規模行銷等，擴大競爭力來增進收益。

作為公司重要績效指標之一的銷售額,無疑是評估企業價值的重要因素。但是,排除業務特性的股價與銷售額之間的簡單相關性並不大,所以我打算把股價營收比和銷售成長率一起納入搜尋的條件。

與上期結算相比,或是與去年同期相比的銷售成長,無論規模大小,都可能對公司的成長發揮正面作用;相反地,如果銷售額是下降的表現,就應該視為風險的訊號。

錢要入袋才安全
股價現金流量比(Price to Cash Flow Ratio, PCR)

「我在笑,但不是真心在笑。」這句話多半用來形容想哭的心情,這種無奈的心情特別常見於公司的行銷活動。明明有很好的營業獲利的表現,但實際上公司的帳戶並不是真的有現金進帳。報表上明明顯示賺錢,實際上卻沒有現金進帳。

假設有 A 炸雞店和 B 炸雞店,兩家都在一年內創造 1,000 萬韓元的利潤,A 炸雞店只接受現金付款,而 B 炸雞店因為生意不佳又有待收帳款,因此實際進帳的現金其

實只有 500 萬韓元，也就是帳面上的營業利益是 1,000 萬韓元，而實際進帳的現金卻是 500 萬韓元。

如果能把待收帳款全數拿回來就不成問題，但在現實裡想要 100% 拿回來是很困難的。因此，在評估一家公司的經營活動時，檢視現金的進出差額就非常重要。

「現金流量」（Cash Flow）是指現金的流入和流出的差額，即「淨現金流量」，主要分為營業活動、投資活動及財務活動。現金流量是預測公司破產可能性的重要指標，因此在判斷投資與否之前，必須先仔細檢視該項指標。

透過數字化的每股現金流量（Cash Flow Per Share, CPS）指標，可以檢視現金流量，這是將現金流量除以總股數的值。假設 A 炸雞店和 B 炸雞店都各有 1,000 股，換算之後，就能得知 A 炸雞店的每股現金流量是 10,000，B 炸雞店則是 5,000。

每股現金流量本身並無法提供任何訊息，但是將股價除以每股現金流量之後可以判斷，股價是否被低估或高估。假設 A 炸雞店和 B 炸雞店的股價都是 10 萬韓元，經過換算，可以得知 A 炸雞店的股價現金流量比（Price to Cash Flow Ratio, PCR）為 10 倍，而 B 炸雞店的股價現金流量

比為 20 倍。股價現金流量比越低，表示被低估的可能性越高。

2017 年，三星電子的股價現金流量比是 6.12 倍，LG 電子是 5.49 倍。雖然看來差異不大，但是姑且從股價現金流量比指標來看，可以說 LG 電子的股價被低估比較多。不過，同時期三星電子的本益比是 9.4 倍，而 LG 電子則是 11.11 倍。從現金流量的角度來看，我們可以說 LG 電子的業務表現較出色；但從淨利的角度來看，卻是三星電子的表現較好。

基於以上因素，單獨採用股價現金流量比指標，可能會導致對企業價值的誤判。必須將前面提到的股價與本益比、股價與股價淨值比、股價與股價營收比，以及股價與股價現金流量比之間的關聯性緊密結合，以利於做出正確判斷。

我曾詢問一個表示有在投資股票的後輩：「你買的那檔股票本益比多少？」後輩回答他不是很了解本益比是什麼，說是一個很信任的朋友推薦的，應該不會有問題。

後輩的回答讓我覺得，他就像是買了一間公寓，但是位置在哪裡、面積多大、有幾層樓、有幾個房間和浴室、

水電供應狀況、暖氣是獨立式或中央空調、陽臺是朝南還是朝北、距離附近的地鐵站多遠等，應該要先確認的最基本資料都不知道。

如果你目前也在投資股票，但是你對 PER、PBR、PCR、PSR、ROE、ROA、股利支付率、最近結算日的銷售額，以及營業利益、負債比率等這些最基本的概念都不曾了解，甚至是不懂這些指標代表的意義，你現在根本不是在投資股票，而是用股票在賭博。

被低估的企業與應該被高估的企業
本益成長比（Price Earnings to Growth Ratio, PEG）

A 炸雞店今年的每股淨利是 2,000 韓元，而 B 炸雞店的每股淨利是 500 韓元。假設兩家店的當前股價都是 10,000 韓元，經過換算，可以得知 A 炸雞店的本益比為 5 倍，B 炸雞店的本益比為 20 倍。

如果你已經理解本益比的概念，也決定投資其中一家店，選擇 A 炸雞店顯然更有利。只是如果情況是競爭對手 C 炸雞店假設有一天停業了，那麼 B 炸雞店未來的生意展望可能十分樂觀，又該如何選擇？

現在假設 A 炸雞店未來可望淨利成長 10%，預計一年後每股淨利為 2,100 韓元（約新臺幣 52.5 元），兩年後為 2,300 韓元（約新臺幣 57.5 元），三年後為 2,500 韓元（約新臺幣 62.5 元）；B 炸雞店可望將有 100% 的淨利成長，預計一年後每股淨利為 1,000 韓元，兩年後為 2,000 韓元，三年後為 4,000 韓元（約新臺幣 100 元）。

　　三年後，A 炸雞店的本益比將與三年前類似，約為 4 倍；而 B 炸雞店的本益比則會降到 2.5 倍，這樣的發展將使這幾家店的局面大幅逆轉。

　　本益比雖然在股價和淨利創造能力的分析方面很實用，但在評估公司的成長潛力方面還是有所局限，因此將本益比與包含成長性概念的指標──本益成長比（Price Earnings to Growth Ratio, PEG）放在一起考量，會有助於評估一家公司的成長潛力。

　　順帶一提，這裡的 PEG（本益成長比）與 PER（本益比）、PBR（股價淨值比）、PSR（股價營收比）、PCR（股價現金流量比）這些指標有些不一樣，字尾不是「Ratio」（比率）的「R」，而是「Growth」（成長）的「G」，所以如果換成「PEGR」，其實在語意上會比較貼切。由於股價指

標多半是由英文縮寫組成，而且看起來都差不多，雖然很重要，但是對新手投資人來說卻十分艱澀難懂。本益成長比是本益比的關係指標，卻容易令人混淆，所以如果能把PEG改成PEGR，就比較容易一看便知。

本益成長比是將本益比除以未來三年或五年的預期淨利成長率計算。換句話說，A炸雞店的本益成長比為：5倍本益比除以淨利成長率10%後，得出的數值為0.5；而B炸雞店的本益成長比為：20倍本益比除以淨利成長率100%後，得出的數值為0.2。從兩家店目前的股價來看，比較雙方的本益比之後，可以看出A炸雞店被低估，但如果是以本益成長比來說，反而是B炸雞店的股價被低估的程度較大。

本益成長比是林區在評估企業價值時使用的指標，他認為當本益成長比為1是合理的，低於0.5則被判定為低估。

如前所述，本益比越低，其價值被低估的程度越大，但是無法正確評估像B炸雞店這樣具有成長潛力的公司，所以同時將本益成長比納入，作為評估的依據十分重要。

順帶一提，透過計算未來預期淨利成長率所得的本益

成長比會較有可信度。不過,「預期」往往不具客觀性,並且很可能欠缺準確性,因此有時也會依據過去的淨利成長率來計算。

儘管我們對本益成長比與本益比的認知是,指數越低,被低估的程度越大,但也要記得,如果數值是負的,則代表是成長率下降或淨利虧損,與被低估之間有著相當的差距。

基本上,投資股票的目的是讓資產增值,但是如果你買的是被低估公司的股票,假使該公司呈現成長停滯,導致持續處於被低估狀態,恐怕就很難期待股價上漲而來的獲利;不過如果是一家應該被高估的公司,也就是可能未來有更大成長潛力的公司,就可能透過股價上漲,帶來良好的結果。

因此在決定選股時,也會把本益成長比納入評估。

儘管如此,看似萬能的本益成長比指數其實也有致命的弱點,就是幾乎無法準確預測和反映「每股盈餘成長率」。即使是一家過去五年內表現的平均每股盈餘成長率達到50%的公司,也可能基於外部環境的變化導致成長停滯,然後股價直接下跌。

本益成長比在美國是科技股股價因為公司價值暴漲，而受到廣泛關注的指標。雖然如此，對快速發展新技術的公司而言，如果同樣也套用本益成長比數據，在成長突然停滯的情況下，可能反而變成錯誤的指標。

　　基於上述考量，我打算參考那些已經進入成熟期、成長停滯的傳統產業公司的本益成長比來提高安全性，因為傳統產業公司和新技術領域的公司相比，成長率方面較不會有問題。

這家公司的利潤合理嗎？
股東權益報酬率（Return on Equity, ROE）

　　淨利 1,000 萬韓元的 A 炸雞店和淨利 2,000 萬韓元的 B 炸雞店之間，哪一家店的生意較好？只根據淨利的高低來片面判斷生意的好壞，對投資人並沒有幫助。

　　相反地，A 炸雞店為了創造 1,000 萬韓元的淨利，投入 1 億韓元的資本；而 B 炸雞店則是為了創造 2,000 萬韓元的淨利，投入 5 億韓元的資本，這些訊息對投資人來說就非常有利。

　　前面曾提到，一家公司的利潤與股價之間有著密切關

聯。如果大家已經理解毛利、營業利益、經常性利潤及淨利等利潤概念，接下來就要探討，這些利潤與一家公司的利潤創造能力之間有什麼關聯。

利潤創造能力越強，一家公司的未來價值成長的可能性自然越高，股價也會隨之提升。與公司利潤相關的主要指標——股東權益報酬率（Return on Equity, ROE），是用於衡量一家公司投入的資本產生了多少利潤，也就是說這個指標反映的是該公司的利潤創造能力。

股東權益報酬率是一家公司的本期淨利與自有資本的比例。如果股東權益報酬率為 10%，意味著年初投資 1 億韓元的 A 炸雞店在年終時，回收了 1,000 萬韓元的利潤。

C 炸雞店也達到相同的本期淨利，但是不能因為只有 5% 的股東權益報酬率，便低估該店的價值。C 炸雞店也有可能是基於評估客流量可能會增加，於是投入 1 億韓元擴建店內設施。這麼一來，C 炸雞店未來創造更多利潤的可能性就會高於 A 炸雞店了。

從這個例子中可以明確知道，不能只參考特定時期的股東權益報酬率，來斷定一家公司的價值。假使一家公司的股東權益報酬率在某年或某個季度突然提高或降低，這

種情況一定要查明原因。股東權益報酬率的急劇降低，可能是基於研發投資等需求而擴大資本，也有可能是銷售和營業利益急劇下滑，這些都是需要進一步分析的問題。

同樣地，股東權益報酬率突然提高，也可能是因應銷售量不佳，出售工廠土地等各種原因，因此有必要注意可能的原因。

從投資人的立場來說，股東權益報酬率通常要高於市場利率才有意義。如果一家公司用大家投資的資金，只產出比完全沒有風險的銀行利率還要低的利潤，就代表這家公司創造利潤的能力是有問題的。

我認為無論股東權益報酬率是急速降低或急速提高，應該要用投資年度結算基準在三年以上，或是維持季度結算基準在三個季度以上，股東權益報酬率保持在一定水準之上的公司才會安全。

在條件的篩選上，股東權益報酬率有三種形式，就是最近結算基準、最近季度基準（年化基準），以及最近三年平均。不過令人遺憾的是，單憑這些標準無法確定在特定結算時間點，股東權益報酬率突然提高的原因，所以需要額外的努力來確認。

順帶一提，股神巴菲特曾經評價，股東權益報酬率在15%以上的公司為優良企業。因此，尋找適合投資的公司時，將股東權益報酬率納入條件篩選是當然的做法。

公司也需要槓桿效益
資產報酬率（Return on Assets, ROA）

與面前提到的股東權益報酬率類似，資產報酬率（Return on Assets, ROA）是用於衡量公司總資產中本期淨利的指標；而股東權益報酬率則是以自有資本為依據，評估本期淨利，這是兩者之間的差異。

在了解資本報酬率與股東權益報酬率之前，首先我們需要先建立對總資產和自有資本的概念。

總資產是自有資本加上他人資本（負債），也就是總資本。因此，有時會將總資產報酬率稱為總資本報酬率；自有資本則是指公司總資產中扣除他人資本（負債）後的餘額。

綜合來看，資產報酬率顯示的是，運用股東的資金加上向銀行等借來的資金創造出多少利潤；而股東權益報酬率則是顯示，在不考慮向銀行等機構借貸的情況下，只用

股東的資金創造多少利潤。

現在我們假設 A 炸雞店並未向銀行借貸，投入 1 億韓元的自有資本，然後獲得 1,000 萬韓元的利潤，這家店的資產報酬率和股東權益報酬率都是 10%；相對地，假設 B 炸雞店運用 5,000 萬韓元的自有資本和 5,000 萬韓元的銀行貸款，獲得 1,000 萬韓元的利潤，則這家店的資產報酬率就是 10%，而股東權益報酬率是 20%。

如果一家公司的資產報酬率和股東權益報酬率之間的差異太大，就需要檢視負債是否過高。從槓桿的角度來說，如果資產報酬率和股東權益報酬率都很高，就可以推斷這一家公司是正當且適當地使用槓桿效應。不過，如果股東權益報酬率低於市場利率或呈現虧損，加上資產報酬率和股東權益報酬率之間差異甚大，就表示該公司並不是可以安心投資的公司。

如果需要透過資產報酬率和股東權益報酬率來評估一家公司的價值，最好也要同時了解該公司的資產、負債及資本增減的情況。

體質好的公司不怕股價下跌
與 52 週低點的比較率

選擇股票時，財務績效帶來的股價指標是我很重視的標準之一，因為我相信，過去表現良好的公司在未來也有很高的可能性能持續帶來良好的利潤。

透過這種方式選擇股票，可以實現免於虧損的安全投資，不過和「暴漲」、「黑馬」、「大賺」這種幸運就會越來越遙遠了。儘管如此，就像過去經由美元投資累積 1% 以內的小收益，創造出超過 100% 的年報酬率一樣，安全第一的策略其實也值得期待獲得可觀的收益。

安全股票投資的核心重點在於不虧損，所以投資股價顯著不易下跌的股票很重要。即便再好的股票，如果在高價時買進必定會成為虧損的投資，這是理所當然的事。

基於這樣的因素，即使是幾乎不會參考股價圖表的我，也會去確認至少一年的股價數據，也就是 52 週的數據。我始終相信有價值的好股票，能夠透過長期投資，在其股價與公司價值達成一致的時刻實現獲利，但是在短期損失的區間內，就算心態再堅定的投資人也難免不受影響。

在條件篩選中，價格條件之一的「與 52 週低點的比

較率」就是確認股價是否不易下跌時非常有利的指標。這個投資概念是基於除非發生工廠火災或金融危機等重大事件，否則擁有良好財務績效的公司的股價不太可能跌破52週低點的想法。

如果與52週低點的比較率是30%，這個數字就可以被視為股價可能的下跌幅度，意味著目前價格為1萬韓元的股票會跌到7,000韓元以下的可能性非常低。虧損的可能性也可以預測在30%以內，並且可以採取追加分批買進等策略。

利用與52週低點的比較率數據，有助於減少靠著目視確認股價圖表所產生的錯覺。

透過新永證券和西漢兩家公司的52週股價日線圖比較，可以了解目視錯覺如何影響投資決策。兩家公司都是我經由條件篩選找到的優質股票，我瀏覽該公司的股價日線圖確認是否具備下跌趨勢，也就是確認一下目前的價格是否值得買進。

從大致的圖表來看，新永證券在後半段呈現持續上漲的趨勢，目前價格與最低價格相比相對較高；反觀西漢的股價圖則是持續下跌後反彈，再小幅回跌，當前價格與最

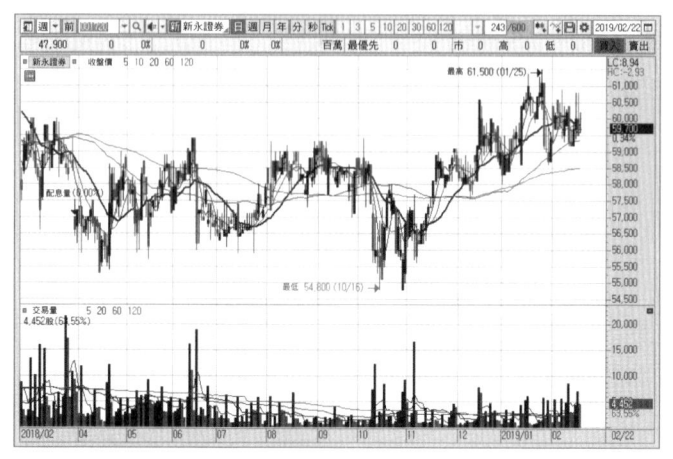

新永證券 52 週股價日線圖

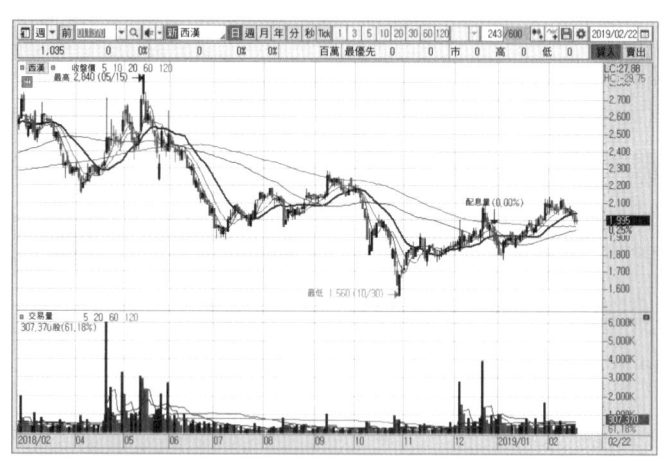

西漢公司 52 週股價日線圖

低價相比的差距看起來並不大。如果光憑圖上的價格優勢和「直覺」，要從這兩家公司中挑選一家來投資的話，西漢應該會是我的選擇。

不過，從兩家公司與 52 週股價低點的比較率來看，實際情況可能會有所出入。新永證券與 52 週低點的比較率為 8.94%，西漢與 52 週低點的比較率則是高達 27.88%。這種情況意味著，新永證券的股價只需下跌 10%，就能創下 52 週新低，但是西漢就需要考慮股價可能會跌到 30%。因此，西漢的下跌趨勢與新永證券的下跌趨勢相比並不算很低。

更簡單地說，新永證券的股價下跌的可能性大約是 10% 左右，而西漢的股價甚至可能跌到 30%。

我們當然可以解讀為一家好公司的股價是呈現上漲狀態，「一樓下面還有地下室」的股市格言，雖然也是該有的概念，不過巴菲特的那句名言在這時候也值得我們參考：「任何東西只要是以低於其價值的價格買到，你就不吃虧。」

但是，如果把這個策略用在財務狀況不穩的公司身上，也就是所謂的「垃圾股」，就可能會面臨極大的風險。

危險的公司股票就像是下墜的刀片,即使與 52 週低點的比較率如何也無濟於事,無止境下跌的可能性極高,甚至免不了下市的極端局面。

股價的下跌趨勢可以透過本益比或股價淨值比來評估,也可以參考「近期最低價與差距不大的股價基準」來衡量。本益比和股價淨值比同樣是會隨著股價變化的指標,因此當股價下跌時,這些股價指標也會變得更好。

當我了解到這一點之後,就決定了一件事,日後想再買進新的股票時,要以「與 52 週低點的比較率小於 20%」的股票作為入手標的,而不再糾結於股價圖。

不惜負債也要硬拚的公司
負債比率

「信用貸款、融資、全押」這三種組合,對於經歷過股票投資的人來說,可以算是至少都會經歷一次的必經歷程。雖然這些經歷往往會帶來痛苦的教訓,但是也會讓人嘗到人生的苦澀,從中獲取寶貴的體悟。這三個組合讓我得到不少痛苦的教訓,所以現在只敢用現金進行分散投資。

在股票投資上,一如信用貸款、融資和全押的危險

性，一家仰賴大量負債來經營業務的公司也是非常危險的。當然，確實有人巧妙地利用槓桿效應獲得豐厚的利潤，但大家普遍認為失敗機率也相當高。

負債多卻高收益的公司，和沒有負債但收益穩定的公司，應該投資哪一家公司比較好？我們把這個問題稍微修改一下，一個是採用信用貸款、融資和全押的方式，創造年化報酬率100%的朋友A；另一個則是沒有任何借貸，只用現金創造年化報酬率20%的朋友B。你可以想一想，會比較放心把錢交給哪個朋友，這個問題的答案就沒有那麼難以決定了。

或許有人會主張「全貸、全融資」，透過槓桿效應來增加收益，不過提出這種想法的投資人，本身資金不足的可能性較高，因為資金充裕的投資人並不需要依賴槓桿效應。關於前一個問題，如果朋友A是透過全貸、全融資來取得投資資金1億韓元，而朋友B用於投資的1億韓元則是他的自有資金，在這一點會覺得朋友B似乎不太可靠，其實只是旁人的錯覺。

擁有大量現金或資產的投資人或公司，並不需要用到高槓桿。從這個角度來說，我們要能明辨負債比率高，獲

利率高的公司,以及負債比率低,但獲利率高的公司。除了像銀行這種以利差創造收益的金融業外,低負債比率通常會是較好的選擇。

一家公司要彌補業務上資金不足的問題,通常會採取兩種做法:接受外人投資,或是貸款。一家公司明明有能力招攬投資,卻選擇貸款的情況並不多見,所以如果是這種情況,就可以認定為高負債的公司,以至於讓投資人卻步。換句話說,投資高負債的公司就等於投資那些沒有能力或沒有價值的公司。

一家公司降低負債比率的方法也有兩種:一種是償還債務;另一種則是增加資本。計算負債比率的公式為「其他資本(總負債)／自有資本 ×100」。因此,不管是減少負債,還是增加自有資本,兩者都能降低負債比率。

為了讓大家更容易理解,我想用炸雞店的例子輔助說明。A 炸雞店的負債為 5,000 萬韓元,自有資本 1 億韓元,因此負債比率為 50%;B 炸雞店的負債為 1 億韓元,自有資本同樣是 1 億韓元,所以負債比率為 100%。

如果 B 炸雞店想要把負債比率降低到與 A 店接近的水準,可以選擇償還 5,000 萬韓元的負債,或是將自有資

本從 1 億韓元增加到 2 億韓元。此時比較可靠的做法是償還負債以減少負債比率，不過也可以透過增資來降低負債比率。

只是這種做法對股東來說是重大的負擔，股東不僅僅會承受心理壓力，更擔心「可怕的有償增資」可能會導致股價暴跌。投資高負債比率的公司等於投資有高增資可能性的公司，從這個概念而言，未經了解負債比率的投資行為，毫不過分地說也就是漠視股票投資基本原則的行為。

我曾經也是一個事前沒有查證負債比率，就貿然買進股票的投資菜鳥，當時的我根本不懂什麼是負債比率，所以忽略事先查證的必要性也算是情有可原。

雖然不能斷定高負債比率就是不適合投資的公司，但是在做出投資決策的剎那，「這家公司有高負債比率，但是有很大的成長潛力，值得投資」和「咦？這家公司是靠負債運作的嗎？銷售額竟然增加了 500%？快買！」這兩種想法之間是有很大差別的。

我想著，下次在股票篩選器的欄位裡，要增加「負債比率」這個條件。

現金比房地產好用的理由
流動比率

為了安全的股票投資，除了確認負債比率以外，還有一個必須確認的指標，就是流動比率。流動比率的計算公式為「流動資產／流動負債 ×100」，這是一個用來評估公司的支付能力或信用能力的指標。

在探討流動比率之前，需要先了解計算公式中的流動資產和流動負債。流動資產是與固定資產相對的概念，是指一年內可以轉換為現金的資產。

流動資產除了現金之外，還有有價證券、商品、產品、原物料、存貨、預付費用等，這些資產在短時間內都可以轉換成現金。流動資產可以分為兩種類型：可以快速兌換成現金的即期資產，以及需要經過複雜的生產或銷售過程才能變現的存貨資產。

與流動資產概念相反的流動負債，是指一年內必須償還的債務，包括應付帳款、應付票據、一年內短期借款、應付費用、預收款、存款及準備金等。簡單地說，就是一年內應該償還的款項。

解釋流動資產和流動負債時，會提到很多會計術語，

你不需要費力記住和理解，因為財務報表上都會明確區分出這些項目。雖然多知道一點沒有什麼損失，但是其實只要弄清楚流動資產和流動負債的意義，也就足以幫助你避開高風險的投資。

流動比率，也就是流動資產與流動負債的比率，是評估一家公司當前資產是否穩定的一項指標。如果流動資產多於流動負債，表示公司擁有充足的可立即變現的資金；相反地，如果流動負債高於流動資產，表示只要業績稍微下滑，這家公司就可能面臨倒閉的風險。因此，買入流動比率低的公司股票是風險相當高的行為。

在資本主義制度下，一家公司的利潤應該是連續加乘成長，一旦有乘以零的情況出現，所有努力都將化為泡影。

有些公司雖然流動資產不足，但是擁有高價值的機械設備或廠房等固定資產。可惜的是，當公司面臨流動性危機時，這些固定資產往往會淪為「急售品」，以低價處分，因為債權人給債務人的寬限期通常都很短暫。

一般來說，理想的流動比率應該維持在 200% 以上，這是所謂的「二比一原則」（Two to One Rule）。任何一個比率都有其原則，這一點意味著非常重要的意義。在投資

股票之前,請務必確認該企業的流動比率。

為了讓讀者便於理解,這裡繼續以炸雞店的例子做說明。A 炸雞店和 B 炸雞店的資產與負債各為 1 億韓元。從投資人的角度來看,光憑這些資訊,無法判斷應該投資哪一家店,但是對照流動比率後,你就會有不同的看法。

首先,A 炸雞店的資產是由 1 億韓元應收帳款構成的流動資產。此外,債務方面則是有基於更換器具的需求,向銀行貸款 1,000 萬韓元短期借款,以及為了購買店鋪借貸的三十年期長期貸款 9,000 萬韓元(約新臺幣 225 萬元,這裡可視為長期的固定債務),而實際的流動負債為 1,000 萬韓元。因此,計算 A 炸雞店的流動比率為「1 億韓元／1,000 萬韓元 ×100 = 1,000%」。

接著是 B 炸雞店的負債情況,該店資產包括存在銀行的 1,000 萬韓元存款,以及價值 9,000 萬韓元的器具,實際流動資產則為 1,000 萬韓元;負債部分,基於購買原物料的需求,向銀行貸款 1 億韓元短期貸款,實際的流動負債為 1 億韓元,計算 B 炸雞店的流動比率為「1,000 萬韓元／1 億韓元 ×100 = 10%」。

比較兩家店的流動比率後,可以發現 A 炸雞店為

1,000%，B炸雞店只有10%。A炸雞店的流動比率遠遠超過前面提到的「二比一原則」，而且財務狀況非常穩定；相反地，B炸雞店在未來一年如果業績不佳，可能會面臨極大的風險，甚至難以持續經營。

像這樣即便資本金一樣，但根據流動比率還是可以區分出狀態良好的公司和高風險的公司。儘管如此，包括從前的我在內，多數的股票投資人甚至不夠了解流動比率的意義，更不會把這個數字當作投資的參考依據。

股價與公司的內在價值不一致，並且在非理性、非合理的市場價格中交易，這一點可以說明，可能不是所有的投資人都有智慧或能看清局面。如果B炸雞店老闆的親屬是總統候選人，想必有許多人會看中這一點而投資B炸雞店。這樣一來，B炸雞店老闆可能較關心要怎麼把被投資人抬高的公司股票以更高價格賣出，而不是專注於炸雞店的生意。

另外，有一個指標適合搭配流動比率用來評估股價，就是盈餘保留率。盈餘保留率是用來了解一家公司擁有多少資金，計算公式為「盈餘／資本金×100」，簡單來說，就是用來了解一家公司可用的剩餘資金。

基本上，盈餘保留率高的公司通常負債比率低的可能性較高；反之亦然，負債比率低，則盈餘保留率高的可能性較高。個人也是如此，現金多的人通常負債少，負債少的人可能現金較多。

美國基準利率在以幾近致命的速度急速提高至 5.5% 的 2023 年當下，對負債比率高且流動比率和盈餘保留率低的公司來說，無疑是如處地獄般的年分。不僅是因為籌募不足的資金難度變高，負債的利息成本想必也會隨之大幅增加。

相反地，對於負債比率低且平時累積大量盈餘的公司來說，當時的它們有能力穩定經營，在競爭對手忙於償還債務的時刻，這些公司反而可以憑藉充裕的資本進行積極投資。

只要是配息股，買就對了？
配息股

有一種名為赤字股利的東西，意指公司在虧損時發放的股利。股利是根據持股比例，將公司的利潤分配給股東。雖然你可能會無法理解，公司在虧損的情況下為什麼

還能發放股利,但根據股東的決定,即使在虧損的情況下還是有可能發放股利的。

即便公司整年度都在虧損,還是可能以保留盈餘作為股利發放。如果保留盈餘不足,就可能會透過出售房地產等資產來支付股利。

天日高速在 2017 年業績不佳的情況下,仍然支付高達 17.3% 的股利,這就是赤字股利的典型案例。當時業界普遍認為,這筆高額股利的實際用意是為了支付創辦家族的遺產稅。該公司在 2014 年之前不曾發放股利,但是從 2015 年開始持續發放高股利,這一點就足以證明大股東對現金資金的需求。

從這個案例可以發現,並不是發放大量股利,就代表這是一家有價值和有成長性的公司。

實際上,在本書首度於韓國出版的 2020 年 10 月,當時天日高速的股價約為 7 萬韓元(約新臺幣 1,750 元),直到 2023 年 11 月,股價已經跌到 4 萬 7,000 韓元(約新臺幣 1,175 元)。此外,這家公司現在已經不再發放股利了。

我曾認為高配息股票是長期投資的安全獲利,所以只關注配發高股利的股票;也就是說,當時的我認為能夠發

放大量的股利,代表這家公司的績效很好,並且有能力持續成長。後來當我仔細檢視配息股票之後,才意識到原來這樣的想法是不對的。

波克夏‧海瑟威以不配息聞名,該公司的經營方針是把保留的利潤再投資,透過股價上漲來回報投資人,每年都以驚人的業績和成長,讓投資人眉開眼笑。

雖然股利不能作為公司價值的唯一指標,但是在價值相近的公司之間,會發放股利的公司確實較有吸引力;也就是說,不是在配息的公司之間挑選一家投資,而是在價值相近的公司之間,優先選擇「配息」的公司。

配息率 20% 的公司與配息率 3% 的公司之間,如果只因為前者的配息率高就決定投資,不免顯得有些短視。我們在前面提過,高股息並不能代表這家公司就一定值得投資,為了眼前的 20% 的配息率就貿然投資的結果,有可能股價會在突然間下跌 50%。

話雖如此,從同性質企業中選擇營收和利潤相近的公司時,考慮股利的支付傾向及水準其實是有意義的,這代表該公司是在用心保障股東的利益。

你買的股票，我也想買
外資持股比例

外資是股市之神，外資買的股票通常都會上漲。即使我買的股票都只跌不漲，但是只要跟著外資操作就完全不用擔心，因為外資絕對不做虧本生意。相反地，即便我自己的股票看起來很有價值，或是似乎有很大的成長潛力，但是只要外資開始賣出，我就應該也要跟著迅速撤離，因為外資向來握有所有我不知道的資訊。

當我們在進行價值投資時，原則上並不需要過度關注外資的動向，但是從股價變動會影響投資人心理的角度來說，做好相應的準備也是必要的。

我的意思不是要大家看外資買，也跟著買；看外資脫手，也跟著脫手。我們要參考的是「外資選擇」指標，也就是外資買了多少股票，即「外資持股比例」。從將外資視為萬能股神，或是把外資當作掠奪股市資金的強盜的觀點而言，投資外資持股比例不到 1% 的股票是一件令人匪夷所思的事。

平時我就對那些人稱超級散戶的投資人持有的股票，還有網路股票論壇、部落格和 YouTube 上，被認為是股票

高手的投資專家持有的股票,都很感興趣。如果他們投資的理由和我的投資哲學不謀而合,有時我會用自己的方式進一步分析,如果最後自己也確定是好股票,就會毫不遲疑地下單。

這種做法和那種聽信公司裡某個同事的推薦,就跟著買股票的「隨便投資」是不一樣的,這是一種經濟又高效率的行為,輕鬆取得別人辛苦的分析和研究後所認可有投資價值公司的資訊。

如果能得到那些經由股票投資成功,實現以一定規模的資產,達到一定報酬率的投資人持股比例的數據資料,我一定會積極運用這些數據。在條件篩選時,必定加入外資持股比例的原因,其實也是基於希望自己能達到理想的投資成效。

比股價圖表更重要
財務報表

做股票投資時,我完全不去看股價圖表,更直白地說,我根本就看不懂。移動平均線或黃金交叉這種很基本的技術分析,我其實也懶得看。不過,即便是看不懂股價

圖表的我，也有一個不可錯過的圖表，就是財務報表。

　　一些投資新手對於我說的財務報表，會以為是什麼厲害的分析圖表，其實不過就是把財務績效數據的變化作成圖形呈現而已。

　　前面列舉各種依據財務績效得出的投資指標，而這些單一數值並不能成為投資成功的關鍵。

　　能否投資成功，最終還是和獲利的產生有關，要實現股價上漲的關鍵，在於是否擁有加速股價上漲的動能，也就是財務成長性為核心要素。換句話說，比起「今年實現100億韓元收益的公司」的消息，「收益從10億韓元、30億韓元（約新臺幣7,500萬元）、60億韓元成長到100億韓元的公司」的消息更有用。

　　根據過去的軌跡預測未來是一件危險的事。不過，曾是全校第一名的學生在下次仍是第一的可能性，遠比全校倒數第一名的學生擠進第一名的可能性來得高。一家公司過去的績效和成長性，是預測公司未來發展有力的數據。

　　如果要用一句話來形容我研究多年的二十一點遊戲的核心策略，就是計算「待會兒桌面上會有多少張10點的牌」的機率。有利於預測這個機率的資訊非常有限，所以

往往容易出錯,即便只是一個小小的預測失誤,也可能會帶來巨大的損失。

話雖如此,在股票投資上是完全不一樣的。你未注意過的,或是看了沒有放在心上的各種歷史數據垂手可得,命中率也都遠遠高於賭博的機率,甚至即使預測失誤,還是有很多可以彌補虧損的機會。

人事部金副理推薦的兩檔股票

用於評估公司價值的各種指標,在股票投資中是非常基礎、基本的數據。但遺憾的是,只憑這一點概念和數據,不可能完全避開股票投資過程中所有的風險,更無法保證能夠獲得豐厚的收益。

即便如此,如同沒有學過四則運算就不會計算方程式,或是沒有學過字母就無法學會英語對話一樣,了解作為股票投資基礎的股價指標和財務相關的問題是非常重要的。如果你是在不懂這些的情況下就投資股票,等於只是用股票在賭博。

無論多複雜和高難度的英語單字都可以用 26 個字母

來表達，投資股票的複雜機制也是如此，透過一個個理解基本概念的過程中，知道要怎麼做才能創造可觀獲利的能力就會水到渠成。

好了，接下來就是實戰時刻了。這裡我們要應用目前為止所有了解的股票投資基本數據，分析人事部金副理推

兩家公司的主要財務指標比較

	A	B
交易所／KOSDAQ	KOSDAQ	交易所
資本金	10億韓元	100億韓元
當前股價	23萬韓元	2,000韓元
保證金率	100%	20%
本益比	124	3
股價淨值比	20	0.3
股價營收比	60	1.2
股價現金流量比	30	0.8
本益成長比	5	0.2
股東權益報酬率	0.5%	24%
資產報酬率	0.3%	20%
與52週低點的比較率	120%	5%
負債比率	350%	20%
流動比率	10%	600%
配息率	無配息	8.3%
外資持股比率	0%	82%

薦的兩檔股票。

你是否覺得不知道該怎麼分析，或是認為看起來很複雜，以至於不知道該買哪一支股票，還是你在幾秒內已經有了答案？

如果你是前者，並且認為買 A 公司股票較好，就可能需要再從頭閱讀本書，或是最好立刻放棄投資股票。如果是後者，而且認為應該選 B 公司股票，你已經具備投資股票的基本素養。

還有後續，驚人的反轉正等著你，A 公司成功研發出能將人類壽命延長至 200 歲的新藥，並計畫在下個月正式上市；而 B 公司則是因為財務造假，正在接受韓國金融委員會的調查，而且身為公司最大股東的執行長因為背信和挪用公款，遭到逮捕並接受調查中。

確認財務績效所對應的股價指標，可說是正道，但不是王道。

你好像很有潛力，但是我對你不了解

你剛成立一家公司，並且開始招募新員工。從一路過

關斬將來到最終面試的兩位應徵者中，你必須挑選出一位。應徵者 A 戴著眼鏡，而應徵者 B 的眼睛很大，如果是你，會錄用哪一位？我們來聽聽以下招募專家的說法。

「應徵者 A 戴著眼鏡，說明他可能是一個成熟且固執、有耐心和毅力的人，他應該能以穩重的心態妥善管理團隊，但是他有別於一般人的冷靜與固執可能會是缺點。應徵者 B 有著一雙大眼睛，這表示他可能是一位性格挑剔的天才，他的個性有可能是創意的泉源，但是很可能不會輕易放過他人的小失誤，有時候他可能會表現得很強勢又嚴格，或是常常會和自己不同步調的人發生爭執。」

好了，如果是你，你要選誰？

你覺得這個問題很荒謬？沒錯，就是荒謬！這也是大部分的股票投資人常犯的錯誤。招募專家差一點蒙蔽了我們，對於兩位應徵者「看似合理的判斷依據」，不過是「戴著眼鏡」和「眼睛大」的外表判斷而已。

不過，假使這些話是出自一位西裝筆挺、有三十年經驗的獵人頭專家呢？在股票投資節目裡，這類自稱「專家」的人比比皆是，他們整天都在向別人推薦股票。

那麼在兩位應徵者當中，我們應該要著眼什麼樣的依

據,好做出更明智的選擇?在進行面試之前,又該先確認什麼條件?答案很簡單,就是先看他們的履歷表。履歷表上通常會詳細列出應徵者的姓名、住址、畢業學校、專業及成績等等,而這些都是選拔新進人員的依據。

招募負責人都會先查看應徵者的履歷表後,才考慮安排面試。就像這樣,我們要先了解一下等同一家公司履歷表的營業報告書,確定是一家具備一定水準實力的公司之後,下一步才是決定要不要投資的階段。

股票投資人在投資之前,應該先確認的是,要投資公司的營業報告書這份「履歷表」,而不是股票投資節目裡趨勢圖表專家說的話。

你看見的一切不一定就是全部

看不懂營業報告書和其中財務報表的投資人,毫不過分地說就是股票文盲。那麼,想要看懂營業報告書和財務報表真的有那麼難?

的確,通常這時候我應該跳出來說:「其實也沒有你想得那麼難啦!」我只是覺得做人要誠實一點。很明確的

事實就是，如果你不願意試著看懂營業報告書，未來可能會面臨比努力研究營業報告書還要艱難的挑戰。賺錢這種事，真的沒有那麼輕鬆。

關於各家公司的營業報告書，可以在韓國金融監督院的電子公告系統官方網站：DART（http://dart.fss.or.kr）查詢。營業報告書分為需於季度結束後 45 天內提交的季度報告、需於半年結束後 45 天內提交的半年度報告，以及需於財政年度結束後 90 天內提交的年度報告。

投資人都應該到這個網站詳細了解一下營業報告書的提交期限。有些股票投資人會把 3 月稱為「下市的月分」或「下市的季節」，因為大部分的公司是在 12 月結束會計年度，而 3 月提交營業報告書的截止日期之前，都會頻頻傳出企業下市的消息。

如果確定投資公司的業績會非常好或相反，在 3 月底之前決定交易的對策就是一個不錯的投資策略，因為在投資股票的過程中，面臨交易停止和下市是風險最高的情況。

當你戰戰兢兢地打開營業報告書，會先看到似乎很複雜的目錄，而這個目錄包括公司概況、業務內容及財務事項等。

以量化概念透過條件篩選器挑選出來的公司，確實都可以算是具備基本面的安全公司。

儘管如此，基於需要了解該公司的成長能力，我們必須掌握到該公司是什麼樣的公司、如何賺錢，以及未來可期待會有什麼發展，而營業報告書正是可以從最根本查看這些數據的資料。

我要投資的是什麼樣的公司？

從營業報告書中，第一個會看到的項目是「公司概況」，其中包含公司的基本狀況、公司歷史、資本變動情況、股份總數、表決權狀況、股利相關事項等資訊。顧名思義，這些都是可以了解一家公司基本狀況的項目。

從公司的概況項目中，可以得知公司的名稱、子公司及關係企業的狀況等資訊。從公司的成立日期、總部地址、網站等基本事項，到主要業務內容和未來計畫推動的新業務內容，在概況項目裡都有簡單的記載。

根據不同的情況，也有信用評等的內容，其中企業票據或無擔保債券的信用評等，是尋求穩定投資的重要參考

資料。舉例來說，你打算投資的公司發行的商業票據等的信用評等為 A1，也就是「及時償債能力最強，且償債能力的穩定性也最強」，或是 C（及時償債能力和穩定性存在投機性因素）、D（無償債能力），對於你的投資決策必定會造成決定性影響。

在公司概況這個項目裡，應該特別留意的是資本的變動情況。資本的增加或減少、可轉換債券的發行歷史等，這些都是確認一家公司狀態的重要指標。如果一家公司經常增資或是發行可轉換債券，可以確定如果投資了，相對就要承擔較高的風險，所以一定要確實查證清楚個中的原因。

公司概況中還會提到股利相關事項，因為這顯示該公司最近的股利發放情況，如果打算投資配息股票，就必須仔細確認這一點。

我想投資的公司是做什麼的？

即使只是購買一件物品，我們也會想一下為什麼需要，以及要怎麼使用。不過，我們在買下相對需要大筆資

金的股票時，有很多時候反而連那家公司是做什麼的都沒弄清楚，就已經交錢了。

三星電子、農心、現代汽車、易買得，像這些大眾熟悉的品牌公司根本不需要查看它們的業務活動，但是像科美龍、GKL、西漢、休凱姆斯這些從名稱上完全無法得知販售什麼產品或服務的公司，投資前就務必詳加了解業務內容。

我們當然可以經由網路搜尋，或是找到該公司的官方網站，大致掌握公司的情況，不過從營業報告書中，我們可以看到更多關於「業務內容」的資訊。

透過股價指標或財務成效等數字，足以讓我們挑選到安全的優良公司。但是，如果要判斷該公司是否具有更大的發展潛力，就必須先了解它的業務範圍及未來的營運方向。因此，透過業務內容來評估投資公司的願景和發展潛力，是非常重要的事。

報告內容中也會包括競爭對手的現況，評估後如果覺得競爭對手比原本想要投資的公司更強大，把注意力轉向競爭對手的股票也是不錯的投資方法。另外，還可以根據營業報告書的內容，掌握公司的服務項目或產品的銷售狀

況，也能事先分別比較評估國內與海外的銷售情形，這都有助於判斷有興趣投資的公司是否有潛力成為國際企業。

以大家熟知的農心在 2023 年 11 月的季度營業報告書為例來說明，辛拉麵和安城湯麵的銷售額約 2 兆韓元（約新臺幣 500 億元），占銷售額 78.7%。僅次於拉麵，銷售額較高的產品是蝦味條、薯片及洋蔥圈等零食。此外，這家公司也生產和銷售白頭山礦泉水、Capri Sun 果汁等飲料，還有家樂事（Kellogg's）早餐穀片和加倍佳（Chupa Chups）棒棒糖等產品。在拉麵的總銷售額中，國內銷售額約 1 兆 8,500 億韓元（約新臺幣 462 億 5,000 萬元），出口銷售額約 1,500 億韓元（約新臺幣 37 億 5,000 萬元），另外，從報告中還可以掌握到相較於前期的增減率。

如上所述，報告內容裡包含一家公司的銷售額是來自於哪些產品或服務，以及正在開發哪些新產品。

股神巴菲特特別喜歡看營業報告書，在投資界是眾所周知的事，而他向來只投資自己全盤了解的公司的投資信念，更被眾人奉為圭臬。

購買股票之前，一定要詳加閱讀該公司的營業報告書，尤其是業務內容。如果有看不懂或是覺得業務發展潛

力低，果斷放棄投資就是保護自身資產的明智之舉。

我想投資的公司能賺多少錢？

一家公司存在的理由很簡單，追求利潤，也就是賺錢。股票投資是一種根據投資金額拿到公司部分獲利的行為。因此，一定要掌握並了解想要投資的公司是否擁有足夠資金進行業務運作、賺了多少錢，以及有多少負債等財務資訊。

有關財務方面的事項，主要可以分為三個部分來分析：資產負債表、損益表及現金流量表。

首先，從資產負債表可以了解到該公司目前擁有多少資金。只要知道公司的資本是由資產和負債構成，有了這個概念就不難理解表格的內容。雖然內容裡有許多平時不太會接觸到的大數字，但是只要仔細查看每個項目，便不難看出其實表格上的數字結構很簡單。

資產部分可分為一年內可以變現的流動資產，以及無法在一年內變現的非流動資產。流動資產越大，代表該公司的財務狀況越穩定。負債部分同樣也可以分為一年內必

須償還的流動負債，和不需要一年內償還的非流動負債，這個部分也有助於我們評估一家公司在財務上的穩定度。

透過資產負債表，我們可以確認潛在投資對象的資產中，負債所占的比例是否過高、流動資產與流動負債的比例如何，以及資產與負債和去年相比是否有所增減。

如果說資產負債表是用來了解一家公司的資本，損益表便是用以評估一家公司業務績效的資料。損益表主要是記錄銷貨收入、銷貨成本、銷售費用和管理費用等的規模與變化，經由這些數據可以了解一家公司在營業利益方面的績效。

現金流量表則是用於確認來自營業活動、投資活動與融資活動等現金出入的變動紀錄，包含不會顯示在損益表上，實際的現金金額及約當現金的增減。只要知道現金及約當現金的增減率，就足以判斷一家公司是否健全成長，因此務必確認這部分的資訊。

下表是「避免虧損的安全股票檢查清單」指標，表格上的數字依年度計算。

避免虧損的安全股票檢查清單

		三星電子 （截至2023年11月）	建議基準（範例）	檢核
	當前股價	72,500韓元	N/A	
	交易所	KOSPI	N/A	
1	市值	432兆8,092億韓元	3,000億韓元以上	V
2	保證金率	20%	40%以下	V
3	52週低點 （與52週低點的比較率）	54,500韓元（15%）	最低點比率 10%以下	
4	52週高點 （與52週高點的比較率）	73,600韓元（2%）	最高點比率 30%以下	
5	本益比（產業本益比）	15.41（21.16）	5以下	
6	股價淨值比	1.40	2以下	V
7	股價營收比	1.24	5以下	V
8	股價現金流量比	6.04	10以下	V
9	本益成長比	0.24	1以下	V
10	股東權益報酬率	17.07%	5%以上	V
11	資產報酬率	12.72%	3%以上	V
12	營業利益率	14.35%	5%以上	V
13	淨利率	18.41%	3%以上	V
14	營收成長率	8.1%	1%以上	V
15	淨利成長率	39.5%	1%以上	V
16	負債比率	26.41%	100%以下	V
17	流動比率	278.86%	200%以上	V
18	盈餘保留率	38,144.29%	200%以上	V

19	配息率	1.99%	3%以上	
20	外資持股比率	53.42%	30%以上	V
21	營業報告書確認	○		V

確認結果分析（範例）

建議基準超過15個	90%以上的機率不會虧損
建議基準介於12～15個	70%以上的機率不會虧損
建議基準介於9～11個	50%以上的機率不會虧損
建議基準介於5～8個	30%以上的機率不會虧損
建議基準低於5個	不適合投資

第 4 章
戰勝大盤的投資策略

投資的價值

我認為價值投資主要分為兩個概念。一個是當公司的價值低於股價時買進,然後在股價回升或超過公司價值時賣出。這個回升的過程可能需要相當長的一段時間,因此最好是以長期投資為主。

另一個則是應該投資財務結構穩健,而且具備未來成長潛力的公司。雖然可能還有其他未知的部分,但至少可以安全投資是無庸置疑的。

一般來說,價值投資是指利用公司股價與實際價值之間的差距進行投資的方式。不過,這種依靠股價最終會收斂在公司內在價值的投資方式,最大的弱點是「時間」。為了獲得股價與內在價值之間的差距所形成的安全邊際,投資人必須等待偏離的股價回到公司的內在價值。然而更大的弱點是,公司的內在價值可能會隨著時間發生變化。

想像一下,假設二十年前你看上手機王者 Nokia,進而投資。在股價尚未回到公司的內在價值之前,該公司的內在價值卻暴跌剩十分之一,面臨幾乎無法恢復的市場環境,這時候時間已不再是你的盟友。

在快速變化的市場環境中,一家公司的衰敗成為任誰也無法預測的領域。沒有人規定不能出現比可口可樂(Coca-Cola)更清爽、更可口的飲料,也沒有人規定比吉列(Gillette)更方便、更好用的刮鬍刀不可以引領風潮。

人們開始感到忐忑不安,擔心現在和未來的股市環境,可能會變成不是我們敬佩的巴菲特與林區曾經叱吒風雲的那個股市。

找出當前或短期內股價與內在價值之間有差距的公司是有可能的,而且並不難。只是在公司價值同樣也快速變化的情況下,不禁讓人心生疑慮,是否「一般的價值投資」概念仍然適用?此外,你對公司未來價值的判斷,也可能基於「會發展電動車,還是氫燃料車?」這種主觀判斷所產生的「錯誤判斷」。

時間不再是盟友,公司和市場最終都會改變,當你覺得自己的想法有時可能也會出錯,這時候會轉而考慮另一個價值投資的概念,就是把投資的時間最小化,並且盡可能客觀評估心目中那家公司的價值。

我想,與其把股價和公司價值之間的差距,鎖定在「長期且較大的安全邊際」,不如放在「短期且較小的安全

邊際」，可能的話就鎖定在「多次或是以多家公司為目標」。這麼做很可能看起來像是在玩短期交易或短期投機，因為這和傳統價值投資所強調的長期投資概念完全相反。

這個做法時常讓我被誤解成，表面是在分析內在價值並投資有價值的公司，實際上是在進行交易，而不是真的在投資。我和一般的價值投資人較不同的地方在於，或許是「放下了對獲利的貪婪」。

假設有一位 A 投資人認為 K 公司的每股價值約為 1 萬韓元，於是以每股 7,000 韓元的價格購入，並且進行為期十年的長期投資，最後在股價與企業價值一致的那一刻賣出，獲得超過 40% 的報酬率。

購買相同股票的 B 投資人，也認為每股價值 1 萬韓元比較符合該公司的實際價值，卻設定與 A 投資人不同的報酬率，以 10% 的報酬率為目標，當股價達到 7,700 韓元（約新臺幣 192.5 元）時便全部賣出，在一年內獲得 10% 的報酬率。

在這兩位投資人中，誰是較明智的投資人？如果只能選擇一個價值投資標的，可以說 A 投資人是較明智的那一個。這是因為 B 投資人雖然在短期內獲得 10% 的報酬率，

但是十年之後,他仍然只能滿足於九年前設定的 10% 的報酬率。

話說回來,在這個世界上有很多股價與企業價值之間具差距的價值投資標的。而且在十年的漫長歲月裡,也有可能發生金融危機或是意外的市場變化,導致 K 公司的股價一下子下跌到 7,000 韓元,而 B 投資人應該也不想錯過這樣的機會。

我依然相信並追隨價值投資的意義,於是決定遠離貪婪,去追求實在的「安全的價值投資」,而不是盲目的長期投資。

玩家眼中原則性的遊戲

「小心那些披著價值投資人的外衣,實際上進行動能投資的價值詐欺者。」

既然賽斯・卡拉曼(Seth Klarman)[15] 的這句話會被人

---

15 譯注:投資界深具影響力的人物,提出「安全邊際」(Margin of Safety)概念。

們視為至理名言,意味著有很多像我這樣的股市玩家,也就是從事修正式價值投資的人非常多。名為「七分法」的非正規股票投資方法是我的提案,我的投資分身分為七個帳戶,只有運作第一個帳戶的投資分身是價值投資的主要操作者。

在《債券專家徐俊植重新詮釋的股票投資教科書》一書中,介紹價值投資的代表性特徵如下:

1. 預估投資資產的價值。
2. 價值與價格之間的差距是投資決策的依據。
3. 價格趨勢的逆向操作。

相形之下,根據我的「七分法」方案,六個投資帳戶除了都投資在1號帳戶所確認具備充分內在價值的股票外,實際上都比較傾向動能投資。

1. 預測投資資產的價格。
2. 許多因素成為投資決策的依據。
3. 重視價格趨勢,並順應市場。

我不僅會透過這些分身進行短期交易和波段交易，甚至於有時也會操作薄利策略，但值得慶幸的一點是，基於「絕不虧損」的原則，我堅決不進行追漲或停損。因此，1號投資帳戶和其餘六個投資帳戶的投資規模，我都會維持在約5：5的比例，而非1：6。以結果來說，我有一半是操作價值投資，另一半則是表面上操作價值投資，實際上在操作動能投資。

　　我不曾質疑價值投資是股票市場中唯一能夠成功的方式，而且正努力朝著這個方向邁進。

　　有一句話說：「價值投資是一種痛苦的投資方法，而這種痛苦正是來自於投資的過程，而非結果。」這句話固然有道理，但是想要實際執行卻超出我的能力範圍。我試著在自己的能力範圍內找出方法，來解決這個問題，就是把投資的身分加以分割，也就是所謂的變通做法。

　　任何一個領域都有一套正規方法。變通做法是一種在缺乏掌握正規方法的能力，或是難以透過正規方法達成目標時採行的策略。最終的勝利者往往是那些能夠正確運用正規方法的人。因此，即使在使用變通做法的同時，也必須持續學習正規方法。

基於一些原因,目前的我仍是一半著眼於價值投資,另一半則是投機取巧。不過,我的最終目標是成為遵循原則的價值投資人。因為有著這樣的想法,所以我一直保持不斷學習的態度、累積經驗和閱讀。

跟著操作價值投資,或是模仿就好

當葛拉漢[16]首度提出價值投資概念時,主張市場效率的經濟學家們一度認為這個理論很荒謬。當你秉持內在價值的信念去投資的股票,遭受市場的冷落而股價持續下跌時,有些主題概念股卻能不受影響,股價一飛沖天。這時候有些經驗豐富的投資高手卻能展現驚人的耐心,即使某檔股票翻漲超過 10 倍,依然會堅守信念持有超過十年。

讀完葛拉漢的著作《智慧型股票投資人》(*The Intelligent Investor*)後,我了解到投資內在價值被低估的公司,可以降低虧損的風險。同時,更意識到在區分價值股和概念股的能力上,自己明顯有所不足,於是決定以過

---

16 譯注:美國經濟學家,被譽為證券分析之父、價值投資之父。

去財務績效良好的一些公司作為目標,善加運用量化投資的概念。

我經常因為小額的利潤而興奮莫名,沒有足夠的耐心去長期持有股票。這是我的局限,也是一般多數投資人的共通特性。一天只吃一餐、保持規律的運動,就能變得苗條,每個肥胖的人都知道這個道理。然而,即便知道正確的做法,有些事情在實際操作上還是有難度。

對許多人來說,長期持有優質股票是不太容易的事。如果有哪一位價值投資的高手表示:「這麼簡單的事都不會啊?」已經擁有不動產的我,應該會立刻反嗆:「買房子哪有什麼困難的?」

我希望可以找到像自己這種沒耐性、心理素質薄弱、分析能力不足的普通人,也能做價值投資的方法。後來我運用量化概念,找到幾家具備內在價值的公司,並且基於降低風險,針對其中幾家公司進行分散投資,我設定一個針對自己耐性極限的獲利值,例如10%,結果十分成功。

我說的成功並不是賺到大錢,而是將近二十年來總是投資失利的股市菜鳥,終於連續六年都有獲利。最重大的改變是,我發現了能夠冷靜分析局勢,在市場大跌時仍然

果斷買進，而不是慌張盲目拋售股票的自己。

我之所以會把這些獨特的經歷透過文章和外界分享，是為了希望能幫助那些和過去的我一樣在當股市菜鳥的人。當然，從助人的過程裡，經由書籍版稅等得到收穫的部分，就如同亞當‧斯密（Adam Smith）的《國富論》（*The Wealth of Nations*）中，麵包師為人們製作麵包時，看似是為大家奉獻的行為背後所得到的利益那樣，對我而言也是內心雀躍不已的事。另外，如同在本書開頭提到的，我希望能把股票投資心得和訣竅傳授給自己四個年幼的孩子。

可能有些人會認同我的方式，有些人則會把我的經驗當作借鏡，找尋屬於自己的新方法。「不同」和「錯誤」並非同一個意思，我承認自己的股票投資經驗與方式，都不同於普遍的價值投資方式，不過我不認為那是錯誤的。

事實上，我內心的真實想法就是這樣。「像我這種沒耐性、心理素質差的股市小白，是不是就該放棄價值投資，去做短線交易呢？」如同經驗豐富的高手都有一套自己的投資方法，什麼都不會的股市新手也可以擁有自己的投資方式。

比活著更困難的事

賭博和股票投資的共同點之一，就是必須不斷做出選擇。許多人認為賭博比股票投資簡單，部分原因在於選擇的過程和結果相對十分簡單明瞭。在賭博的過程中，選擇押注單數或雙數的機率是 50%，如果贏了就是 100% 的獲利，輸了就是 100% 的損失。

然而，這一切其實是錯覺。想在賭場上贏錢，必須每分每秒都不斷做出更複雜又困難的抉擇，而且需要非常周密的計畫。

即使是像百家樂這種規則簡單的遊戲也一樣，馬丁格爾策略、帕羅利投注法或凱利準則，要決定使用哪一種策略並不是容易的事。儘管如此，仍然有許多賭場菜鳥往往果斷省略這個複雜的選擇過程，因為他們根本不知道這樣的選擇是有必要的。

投資股票也一樣，無數的選擇瞬間將左右最後的成敗。在此，將這些無數的選擇依照難度的高低列舉如下：

1. 買進股票。

2. 獲利了結。

3. 決定持有。

4. 設定停損點。

很顯然地，做出高難度選擇的能力是評判投資人實力的重要指標之一。

這裡有一點需要強調的是，「難度」和「重要性」是兩個不同的概念。如果單純從重要性來看，「買進股票」應該是最優先的選擇。此外，若是同時要考量「買進優質股票」這個質化因素，難度可以說是最高的。所以，在此我們只討論「買進股票的決策」即可。

不過，有一個重要又難度極高的選擇是許多投資人忽略的，就是「不買股票」。無論是賭博還是投資股票，都離不開與物欲的緊密連結，所以想要排除這樣的欲望是非常困難的事。正因如此，無關投資金額的絕對多寡，手上仍然持有尚未投資的資金，也就是持有現金並不是一件容易的事。

眼看市場狀況不錯就買股票、趁股價暴跌就買股票、有點閒錢就買股票、順利申請到貸款就買股票等，買股票

的行為會讓人覺得有希望賺到錢,就像不買彩券就不會有中獎的機會一樣,這種誘惑無疑是難以抵抗的。

以投資美元來說,想要忍住不買比買股票投資更難做到。在投資股票的過程中,覺得不合適就不買相對比較容易,因為錯過一檔股票,還有其他股票可以選擇。但是美元的投資卻無法選擇,只有「買或不買」二選一的抉擇,如果不買,你將永遠喪失獲利的機會。基於這些因素,真的很難抵抗想要買進的心理誘惑。

2018年下半年度,美元價格在1,100韓元和1,140韓元之間形成穩固的區間,這個區間非常牢固而難以突破,雖然因此無法準確預估價格的漲跌,但上下限的範圍多少還是能大略預測出來。

從機率的角度來說,很明顯可以看出在1,120韓元以下買入是有利的。但是即使知道這一點的我,也會時常勇敢地在1,130韓元(約新臺幣28.25元)以上買入,結果每次回頭都只有後悔的份。

為了「不買美元」的目標,我思考了很久。然而,物欲這種東西的驅動力實在太強大了,想要解決並不容易。正當我苦惱不已時,突然有一個想法浮現腦海,就是換個

角度思考。

對美國人來說，持有本國貨幣，也就是美元，並不算是投資行為，但是他們如果買入韓元，就是一種投資行為。在美國人眼中，如果韓元可以作為投資標的，他們也會像我當初那樣，應該很難忍住「不買韓元」的衝動。

身為一個把買美元視為投資的人，我很難理解那些美國人因為無法買到韓元而感到焦慮的行為。不過，我倒是從中得到一個啟示，等賣出所有手上的美元之後，我想試著從美國人的角度，把韓元視為投資標的。

當我持有的美元較多時，就把自己看成是韓國的投資人，這時候只需要等待美元上漲；而當我持有的韓元較多時，便把自己當作美國的投資人，此時只需要等待韓元上漲。總之，無論局勢如何，我的投資資金始終是 100% 的投資狀態。

我決定把這個概念應用在股票投資上；換句話說，沒有拿去買進股票的現金，我會看作是投資「現金」這個投資標的的資金。

我想，很多人之所以會開始投資理財，是因為他們認知到，「用於投資資產的現金」是一種非常高風險的資產。

由於貨幣供給量的不當增加，導致通貨膨脹，使得貨幣的價值每年都會隨著物價上漲而貶值。然後，那些獲利追不上通貨膨脹率的投資人，就只能當場承擔損失。

從這樣的角度來說，將現金閒置不做任何理財的情況下，每年的報酬率大約是 2% 至 3% 的負成長，意味著將持有現金的行為充當投資而言，實際上是在消耗每年 2% 至 3% 的交易成本。如果進一步考量到存款等預期利息的報酬率，等於是在進行必定會損失 5% 的投資，可以說是十分不利的投資行為。

不過，這是一年的成本。如果縮短到一個月來看，大約也只有 0.4%。手裡握著現金，等待感興趣的標的在一個月內下跌超過 0.4%，就可以得到類似做空的獲利效果。從這個發現裡，我確定了一件事，就是把資金投資在現金上，同樣可以得到足夠的價值。

基於這樣的判斷，無論股價是上漲還是下跌，我都能 100% 活用所有的資產。此刻在我的腦海裡，「現金投資比例 50%」全面取代了「現金持有比例 50%」的想法。

便宜的東西和淪為廉價的東西

「羽絨衣1折！」這個引人注目的超強折扣橫幅廣告，吸引我走進商店。第一眼看上去非常保暖的外套狀況很好，但是我卻無法輕易打開錢包，因為當時正值初夏。

夏天販賣冬天才會需要的羽絨衣，看起來是至少要祭出1折的超低價才能清庫存的樣子。那麼在本質上，這些羽絨衣要算「便宜的東西」，還是「淪為便宜的東西」？

從內在價值來說，羽絨衣的保持體溫和防寒的基本功能並不會因此減損，這是時間點的問題，無疑是「便宜購買的機會」，於是我打開了錢包。

不過，同行的妻子卻有不同的看法，最後我還是未能拿出錢包來付帳。她認為款式設計上和新的款式相比，有太多地方都讓人覺得不想買。在妻子的想法裡，羽絨衣的本質價值是在於「款式設計與他人的目光」，簡單地說，在她看來這只是一件「廉價品」。

當股價暴跌的時刻，投資人也會面臨類似的選擇。在市場表現不良或是基於經濟循環週期，某些股票價格暴

跌時，我認為那些都只是因為時機的問題而「變得比較便宜」。

此時會興致勃勃地打開錢包是理所當然的事，因為夏季折扣很快就會結束，寒冷的冬天必定來臨，而且這些羽絨衣有極高的機率都會被換回昂貴價格出售。在這種時刻，通常是可以輕鬆確保安全邊際的一個好機會。

相反地，如果整體市場情況良好，但是某一檔股票卻獨自暴跌，就需要保持警惕，這檔股票可能並不是「變得便宜」，而是「淪為廉價」了。

更要留意的是，折扣期間淪為廉價的股票。在這種情況下，其實我們不太容易區分出「變得便宜」和「淪為廉價」。例如，百貨公司都會把庫存的滯銷品摻雜在定期促銷的折扣商品裡一起銷售。

我會把綜合股價指數的下跌比作百貨公司的定期促銷。例如，指數下跌 1% 相當於 7 折促銷、下跌 2% 相當於 6 折促銷、下跌 3% 則相當於 5 折促銷等。

如果要避免在促銷期間買到廉價的股票，平時就應該花點心思挑選好的公司，並且放入關注清單中。這可以視為一種願望清單，有一點像是「加入購物車」的動作，更

是防止自己在沒有任何心理準備的情況下，走進折扣商店購買一堆不必要的商品。

許多人會等待百貨公司的定期促銷，以便能便宜地買到好商品，美國的黑色星期五網購也是這種心態之一。但是在相對需要投入大金額的股票投資上，並沒有如同定期促銷這種機會，很多人都是想要購買股票時就會隨時下單。

定期促銷，顧名思義就是定期性的現象。匯率上升時，原物料的價格會上漲，這會促使債券價格提高，進而推動股價上漲，這種經濟循環現象在過去和未來都會持續存在，而這也是應該把「不要急著買股票，靜觀其變」的要求，納入投資人必須遵守的事項之一。

即使遇到 1 折的促銷機會，如果手邊沒有現金是無法抓住機會的。股票是買進之後，需要靜待發展，有時也要忍住不買，並且靜待時機的商品。

股市旺季

過年、除夕、聖誕節、歲末年初、畢業、入學、黑色

星期五、雙11、兒童節、父母節、Pepero Day[17]、情人節、白色情人節等,這些都是零售業者最忙碌的日子。「The rush」是「旺季」的英文表達,是指最繁忙的日子和經濟活動特別活躍的時期,而且不是只有韓國才會有「旺季」。

就像股市崩盤時,是可以便宜買到好股票的機會;股市在暴漲時,就是可以用溢價把股票以更高價格脫手的好時機。有很多投資人會在崩盤時慌張地賣出,暴漲時盲目地買進。有些人認為上漲的股票就應該會繼續上漲,其實這種情況與旺季時需求迅速增加的道理是一樣的。

崩盤時以低於內在價值的價格買到股票是有可能的,暴漲時同樣也可以用高於內在價值的價格出售股票。這樣的股票旺季,也是處理不小心買錯股票的好時機;換句話說,股票旺季是處分定期促銷時,不小心錯誤買進股票的好機會。

話說回來,遇到原本在悔恨買錯的股票突然暴漲的情況時,有很多投資人在這時候才會想到「這家公司好像還

---

17 譯注:每年11月11日,韓國類似情人節的節日,1994年始於韓國某女子高中。

行啊！」通常遇到這種時候，投資小白都會後悔當初買的太少，然後就急忙多買一點來增加持股。他們總是不停重複著一樣的錯誤選擇，該買時賣出，該賣時買進。

投資股票應該是買低賣高，偏偏有很多投資人是只專注於便宜買進，卻忽略了賣高的重要性。一旦股價下跌，他們會認為一切都是市場和企業的責任；當股價上漲，卻又認為是自己有投資能力與好眼光才能獲利。

在股價暴漲的情況下，「昂貴」一詞不僅包括長期投資而來的股價上升，事實上更意味著價格高於內在價值。

長期投資優質股票是價值投資的概念中最明智的選擇，只是「績優股」這個概念往往涉及非常主觀的判斷與選擇，一旦所買的股票被認定為「劣質股」，所投入的資金和時間都將付諸東流。

因此，藉著旺季時處理針對自己買進的股票「可能不是績優股」的風險，進行避險（hedge）就是不錯的選擇。

企業的內在價值尚未發生變化的情況下，所出現的股價上漲，充其量只能算是額外的獎勵，最終還是會回到原本股價的可能性也相當高。股價會趨向公司的內在價值，不僅意味著股價的上漲，也意味著可能會下跌，這一點是

不容忽視的。基於這樣的原因,錯過暴漲這樣的好機會並不是有效率的做法。

每當我遇到這種好機會時,都會採取分批賣出的策略。而且大部分都是幾天後,我就能以更低價格再次買回數量相近的股票。

明明很可怕卻不准害怕?
恐怖的「關鍵10分鐘」

我絕對不設停損點,這個原則已經堅持將近六年,而且不可思議的是,到目前為止「不曾發生任何問題」。我原本以為,應該會有幾檔股票可能需要強制性的長期投資幾年,所幸至少截至目前為止都還不需要這麼做。

當然也有不少支股票處於虧損狀態,不過從買進當日算起,虧損一年以上的股票並不多,所以我算是小小的投資「成功」了。

我借用巴菲特的名言:「如果不打算持有十年,那麼連10分鐘都不要持有。」為自己擬定一個單純直接的策略,「只買能持有十年,且不須設停損點的股票」。關於完

全不設定停損機制，我不否認，忽略這個對股票投資人而言可說是最重要素質的做法，其實是相當危險的事。

大約八年前，我的年度帳戶的報酬率是 –75%。更令人吃驚的是，其中大部分的虧損是在短短幾分鐘內發生的。我在同事的推薦下，找到一檔正在迅速飆漲的股票，擔心錯過機會，於是果斷地用「信用貸款、融資、全押」的三種方式，以市價買進。

然而，股價像是終於等到我這個虧損專家進場似的，我剛進場，隨即出現反轉，開始跌停板，一路下滑。把「絕不畏縮」的誓言拋在腦後，我的手指已經按下全部以市價賣出的按鍵，就這樣不過短短幾分鐘，大部分的投資資金都已經化為烏有。

而我發現這只是開始，股價再次戲劇性反彈，猛烈地噴著火舌，我一驚，再次全力進行槓桿買進。就像曾經在賭場裡聽別人哼唱的那句「為什麼悲傷的預感從未出錯」的歌詞一樣，股價再次暴跌，而我也只能帶著「至少要避開跌停」的想法奮力一搏，最終還是消失在股市的戰場上。

那天，那一檔股票像是在嘲笑我似的，以完美的漲停收盤，後來竟然還連續三天創下漲停的紀錄。

在那之後，過了好長一段時間，我閱讀差不多一百本相關的書籍來鑽研股票投資。有一天，我回想一下當時的情況，「如果是現在的我，還能無所畏懼地堅持下去嗎？」可惜我的答案依然是「不能」。就像欲望是無法控制的，恐懼同樣也難以戰勝。

我試著思考讓自己這麼恐懼的根源，結論是「恐懼源於對投資標的的不信任」。如果買的是三星電子的股票，我是不是還會那麼害怕？可能還是會有一點擔心受怕，但是應該不至於會恐懼到做出像之前那樣荒謬的交易。

在我的股票投資能力裡，完全沒有進步，未來更不用期待任何進步可能的部分是「不畏懼的心理」；而已經提升且未來透過努力，還能進一步提升的部分，則是「找出能免於擔心受怕的股票的能力」。

不受騙的方法？努力不上當！

財務造假對於將公司財務績效視為內在價值判斷依據的價值投資人來說，是一個極大的陷阱。每當發生這類事件時，人們總會思考如何不受騙。在一段時間之後，他們

又會遇到用更高明手段捏造財務報表的公司，然後再重新思考如何不上當。

試圖欺騙他人的騙子，往往都凌駕於受騙者之上。假使沒有受騙的人，欺騙的行為也不過是未遂而已，因此被騙的可能性是 100% 存在的。

既然如此，要怎麼做才能做個不會受騙上當的聰明投資人？首先，可以考慮只投資受騙可能性較小的公司，或是即使已經受騙，至少也要立刻採取分散投資來降低風險的威脅。在 3 月這個審計報告提交的季節，雖然有方法可以做到減少股票的投資比例，但這種方法不切實際，頂多只能算是權宜之計。

數字雖然方便，卻也容易被竄改或欺騙，只是多一個零，就有可能完全改寫結果。相較之下，文字就相對複雜許多，瞞騙起來也不是那麼容易。

舉例來說，「隨著復古的流行，功能型手機的零件需求增加，智慧型手機的零件需求雖然相對減少，但是年度銷售額卻比同期成長約 4%。」這段出現在營業報告書中的內容有多少可信度？4% 這個數字很難查證，同時也非常容易被操控和誤導旁人。不過，「功能型手機的零件需

求增加」這一點，倒是讓人半信半疑。

可惜的是，世上沒有不受騙的方法，我們只能努力不上當。那麼，又該如何辨別財務績效的真假？

這是一個十多年前的故事。在那個年代，一部電影製作完成後會先在電影院上映，然後才製作成錄影帶、DVD銷售，並且開始在網路上播放。為了租借到新上映的熱門電影DVD，我不惜特別到離家很遠的出租店，但新片往往是VIP常客的專屬，我常常都只能租到過時的舊片。

我想著總有一天，自己也可以只需要動一根手指按下遙控器，就能在家裡透過電視螢幕觀賞最新上映的電影，於是開始策劃訂閱VOD電視頻道的服務項目。我的預期目標是，五年後電影市場的占有率能達到5%。

當時我另外也負責購買電影的版權，並將之提供給IPTV服務。隨著競爭對手逐漸增加，我發現電影版權費也開始水漲船高，我認為未來還會持續上漲，於是向團隊裡的其他夥伴提議，把過去採取零散購買版權的方式改為整批收購，然後同時經營批發和零售的業務。

我的提議立刻獲得採納，然後開始正式啟動電影版權的流通業務。結果如何？簡單地說，那是一次大勝利，只

是把一項零售業務轉變為批發業務，之後的銷售規模就大幅成長，隨之而來的營業利益也成比例增加。一年後，我們的團隊在三十多支團隊中獲得業績第一，大家還因此拿到豐厚的獎金。

只是這個幸福未能持續太久，因為這些成果其實是源於最初錯誤的計算。當然不是非法、掩飾或投機取巧造成的問題，而是「以偏概全的謬誤」導致這個後果。

由於是我第一次投資電影版權，如何在會計部分處理影像資產成為討論的重點。在會計師事務所的建議下，我們按照處理現有設備或軟體資產那樣，將手上的影像資產以五年折舊的方式來處理成本。

僅限使用於單一平臺的電影版權價格為 1 億韓元，假設開放訂閱一部影片所創造的獲利是 1 億 2,000 萬韓元，亦即銷售額 1 億 2,000 萬韓元，成本 1 億韓元，最後的利潤就是 2,000 萬韓元。

但是如果我們在 5 個電視頻道，以及在其他所有服務平臺上，使用電影版權的情況下，所需支付的費用為 5 億韓元，將這部電影在內部平臺和其他的服務平臺上開放流通，銷售額大約能達到 6 億韓元（約新臺幣 1,500 萬元）。

不過，由於成本是以五年折舊的方式計算，所以年平均成本被設定為五分之一，也就是 1 億韓元。銷售額 6 億韓元，成本 1 億韓元，因此利潤可以達到 5 億韓元。

由於影像的特殊性質，新片的價值與舊片的價值之間差距甚大，服務的第一年內，整體收入的 80% 以上會集中在這一年，而成本卻是平均分攤在五年內，因此才會造成這種現象。

最終，專案進行到第二年時，為了彌補第一年投入的電影版權費，我們不得不以更大的資金規模購買更大量的版權。後來，就像馬丁格爾機率的詛咒般，每年的規模一直不斷擴大。表面上看起來似乎是在快速成長，實際上卻像炸彈在倒數計時，一種一旦投資規模的擴張戛然而止，可能一切都會隨之灰飛煙滅的危機也越來越逼近。

慶幸的是，後來「OTT 市場」[18] 開始對影片出現一股強勁的需求，使得我們手上的各種影片形成意想不到的規模經濟和獨特的競爭優勢，對我們而言，這是一個絕妙的

---

18 譯注：英文全文為 Over-The-Top，透過網路直接提供影片媒體服務的市場，如 Netflix、Amazon Prime Video 等。

「幸運」，因而免於危機，反而獲得更好的商機，最後是「幸福地」結束這一切的恐懼。

經過那次事件，我明白了一個道理，公司的財務表現可能因為蓄意或單純的錯誤而被誇大。後來每當我基於投資的需求，檢視公司的財務績效時，會比過去更加仔細地檢視「突如其來的銷售成長，或是不明原因提高的營業利益」等現象。不經一事，不長一智。

投資股票該不該說出口？

有的人對於投資股票有成見，所以很多人都會選擇在對家人隱瞞的情況下從事股票投資，除非投資股票的帳戶被發現，否則投資股票的事就不會「曝光」。不過，對這些祕密進行投資的人來說，3月可能是一個殘酷的月分。

定期股東大會的通知單有時會成為夫妻之間爭吵的導火線，下班後悠哉回到家，一開門卻看見臉色嚴峻的妻子，正用充滿殺意的目光盯著一封信的景象，光只是想像就已經讓人汗毛直豎了。

對此，我只想問一句：「為什麼要生氣？」投資股票

絕對不是賭博，這是活在資本主義制度下，有機會成為資本家最安全又簡單的方法。在資本主義世界裡，投資股票不是「可以試試看」，而是「非做不可的事」。

一般來說，與女性相比，男性會更頻繁地進行股票投資。這是因為在經濟活動中，男性通常具有比較積極的「生產」心態，而女性則是相對傾向保守的「消費與儲蓄」心態。

投資股票是比較屬於生產領域中創造財富的經濟活動，從消費和儲蓄的角度來說，由於潛在的風險自然會讓人心生畏懼。不過，如今女性在投資人中的比例也有逐漸增加的趨勢。

所有的誤解和衝突其實都源自於「金融文盲」，對資本主義的不甚理解，導致對股票投資的重要性認知不足。經濟富足是維持一個家庭十分重要的元素，夫妻雙方都應該為此建立共同的目標。

從這樣的層面而言，無論是男性還是女性，投資股票之前必須先解決的問題是說服另一半，偷偷進行的股票投資是難以成功的，現在你要做的是努力消除另一半的金融文盲問題。

利潤規模和報酬的多寡,哪個比較重要?

在談論股票的 YouTube 頻道或是股票社群裡,有許多投資人都會充滿自信地公開自己的投資帳戶,有些投資人是只公開報酬率,有的則是毫無保留地公開投資規模和獲利金額。那些令人稱奇的投資規模都讓人瞠目結舌,尤其三位數的投資報酬率更讓人激動不已。

在基於各種因素,只公開報酬率的情況下,底下一定會有這樣的留言:「投資股票重要的不是報酬率,獲利金額的多寡才是關鍵。」

其實並不難理解,但是報酬率真的不重要嗎?銀行的利率大約是 3% 至 4% 之間。不管你在銀行投資 100 萬韓元、1,000 萬韓元,還是 1,000 億韓元,既定的報酬率是不會改變的。

獲利多寡與投入的資金規模會呈現出精確的比例,在房地產投資上也有類似的結構。5 億韓元的公寓,每月的租金利率大約 4% 至 5%,而位於同一個地點、同一棟公寓的 100 間房產的租金利率,也都一樣是 4% 至 5%。這個部分顯示投資標的的報酬率,並不會因為投資規模的不同而

有所差異。

說來奇怪,這套準則在股票投資人之間似乎反而不適用。許多人認為用 100 萬韓元達成每月 20% 的報酬率並不難,卻認為用 1 億韓元無法達到同樣的報酬率,儘管投資標的的本質並未改變,卻出現預期報酬率發生變化的奇特現象。

當然,如果是針對低市值和交易量較小的股票,進行可能要出售幾棟豪宅才能進行的大規模集中投資,像這種情況就要另當別論了。但是對投資規模一般的個人投資人來說,如果投資 100 萬韓元和 1 億韓元的預期報酬率不一樣,中間可能存在某些問題。

如果要增加獲利規模,增加投資金額與提高報酬率之間必須有一項要成立。不過,隨著投資金額的增加,假使預期報酬率卻降低,最終只會剩下風險越來越大,而獲利金額卻無法提高。如果無法解決報酬率隨著投資規模發生變化的情形,就意味著沒有機會靠投資股票賺大錢了。

我的股票投資金目前仍在持續成長中,而且估計未來還會繼續增加。我認為投資規模擴大之際,反而降低預期報酬率是愚蠢的行為,所以打算建立一套有助於保持預期

報酬率穩定的機制。

後來我找到一個方法，就是分散投資。我在每一檔股票上設定投資上限，當需要增加投資規模時，必須找其他股票另行投資。我知道集中投資的亮點和優勢，所尊敬的其他投資人也都建議自己採取類似方法，但我承認自己不如他們聰明或是有耐性，所以決定尋找適合自己的方式。

運用我自己研究出來的七分法投資策略操作以來，我的第一個投資帳戶裡首次購買的股票數量，如今多到難以一一列舉。我透過量化概念發掘這些股票，並且還有許多尚未買進，但是密切關注的股票。

此外，為了因應首次買進後股價下跌的股票，我用第二、第三投資帳戶進行追加投資，並且投資資金也開始增加，我試著透過檢視營業報告書等方式，思考如何因應未來的股價下跌。

這一連串的過程非常有效率，於是我對投資比重較小的股票採取制式化因應，對於投資比重較大的股票則是進行集中投資，這就是所謂的選擇與集中都有了可能性。這個機制很自然地帶來投資規模的成長，以及目標預期報酬率的穩定。

目前，我的首次購股時設定的投資金額上限是 1,000 萬韓元，而個股的總投資上限則是 5,000 萬韓元。此外，股票的投資比重不超過總資產的 20%。即便我持續增加投資規模，將資金分散到 100 檔股票上，規模也不會超過 50 億韓元。這個上限是總資產達到 250 億韓元（約新臺幣 6 億 2,500 萬元）以上的前提下設置的，因此還有相當充裕的空間。

　　即便我想擴大投資規模也不會有問題，因為可以增加投資的股票數量。聽到巴菲特的年化報酬率大約是 22%，「他的投資規模大，達到這樣的獲利很正常；我的投資資金小，應該要期待 50% 以上的收益」，也許是某種誤解和錯覺，讓大家有了這樣的想法。

　　無論獲利規模有多大，我的目標報酬率始終維持在 15%。這是銀行定存利率的 4 倍、房地產租賃利率的 3 倍，當複利的魔力一旦被啟動，五年內本金將會翻倍，這個目標甚至還比不上巴菲特的年化報酬率。

　　我打算把投資重點放在確保可持續的報酬率上，而不是單純追求獲利金額的增加。

第 5 章
實用七分法投資策略

七分法的投資七守則

「Mr. Market 市場先生」也甘拜下風的「投資先生 APP」

在我二十三年的股票投資生涯裡,有十七年以上的時間都處於投資小白階段。後來,終於能擺脫投資小白處境的祕訣如下:

1. 飽覽相關書籍,吸收投資大師們優秀的投資哲學。
2. 培養自身分析公司內在價值的能力,然後投資安全又不會虧損的公司。
3. 建立一套屬於自己的投資機制,補強自己脆弱的心理素質和耐性,並且作為依據嘗試交易。

其中第 1 點和第 2 點是大部分價值投資人都能努力做到的事,唯獨第 3 點是常被人誤解為與價值投資相悖的概念,被視為一種交易行為。我相信應該也有許多的投資高手都是投入大量的時間和經驗,來處理這樣的問題。至於我自己則是運用「七分法」來解決,也就是將投資帳戶各

自獨立為七個的一種交易機制，藉此掌控這個問題，而且確實也得到顯著的成果。

七分法是由七個股票交易帳戶獨立進行交易時啟動，這個看似簡單的做法，對股票投資的過程和結果能夠帶來驚人的影響。不僅可以實現被視為價值投資的同義詞，而備受關注的長期投資，還能在股價下跌時，透過短期交易來創造現金流量。此外，也讓我搖身一變，成為原本不敢妄想掌握市場時機點的高手，同時也鍛鍊出不會再為股價漲跌而大悲大喜的強大心理素質。

這一切的變化都是透過操作劃分獨立的股票帳戶，讓投資作業得以獨立進行，才有了這樣的可能。

以下要介紹的七分法實戰投資策略，不過是入門指南。我的意思是，每個人的投資能力都不一樣，股票投資上的目標報酬率和預期報酬率自然會有所不同，投資的傾向與耐性也都不盡相同，希望大家在理解這個概念之後，都能把概念轉化為適合自身的投資方式。

為了制定更系統化的實戰投資策略，我設定一個虛擬的股票投資人——「投資先生」（Mr. Investor），他是股票投資的入門新手，持有資金不到 1 億韓元，耐心和心理素

質是一般水準。

葛拉漢虛構了一個人物用來比喻股票市場,稱為「市場先生」(Mr. Market)。市場先生每天都會提出一個價格,他提出的價格有時候低,有時候高。投資人可選擇以他提出的價格去交易,也可以置之不理。市場先生是一個情緒反覆無常的躁鬱症患者,一旦受到他波及,追隨他的投資人也會出現相同症狀的可能性極高。

然而,受投資機制控制的投資先生則是不但不附和市場先生的反常行為,反而會利用這一點來創造收益。不過為了做到這一點,他必須遵守以下七大守則:

1. 長期投資帳戶的投資比例必須維持在 40% 以上。
2. 不使用槓桿效應(信用貸款、融資交易)。
3. 長期投資帳戶的目標報酬率必須設定在 10% 以上。
4. 個股的初始買進金額必須限制在該帳戶投資資產的 5% 以內。
5. 當前帳戶的股票投資虧損率超過 3% 時才可以追加買進。
6. 追加買進的金額必須與初始買進金額一致。

7. 不設定停損點。

原則 1
長期投資帳戶的投資比例必須維持在 40% 以上

為了分割獨立為 7 個投資人,首先需要 7 個股票帳戶。為了方便起見,最好是所有的帳戶在同一家證券公司開戶,你可以理解成在一家銀行開設 7 個帳戶。

準備好 7 個股票帳戶之後,接下來要做的事情就是在每個帳戶存入資金,以便開始實際操作投資,也就是進行投資資產的分配。第一個帳戶主要作為長期投資帳戶,其餘帳戶則用於短期交易。總資產的 40% 放在第一個帳戶,其餘 60% 分配在其他的帳戶上,這是長期投資和短期交易之間的比例。

如前面所述,這個比例隨時都可以依據個人的投資目標和傾向做調整。只是對投資經驗尚且不足的投資先生來說,我想 4:6 的比例是較為合理的分配。以下會用更具體的說明向大家解釋。

長期投資帳戶部分，建議將投資資產的分配比例設定在 40% 以上，最少也要設定在 30% 以上。長期投資帳戶的「長期」並不是指投資期限，而是應該理解為「長期的報酬率」。

舉例來說，假使某檔股票的年度目標報酬率為 10%，當你透過第一個帳戶購買這支股票，便意味著可能會持續一年，或是目標報酬率達到 10% 時，才實現獲利。

萬一實現收益的時間拉長，在一年後仍未達到目標報酬率的情況下，應該考慮將目標報酬率提高 20%，而不是繼續再等待一年；或者雖然沒有達到目標，但是如果已經有獲利產生，就要實現這個獲利。此外，在股票買進後一個月內，甚至是半天內就達到 10% 目標報酬率的情況下，也是實現獲利的最佳時機。

原則 2
不使用槓桿效應（信用貸款、融資交易）

分配資產時還要注意一件事，在任何情況下都不要依賴信用貸款和融資交易等槓桿效應。

用於投資的資金必須 100% 是自己的錢，即便是 100 萬韓元，也都應該是可以放著投資，短則一年，長則五年都不需要提領的閒置資金。原因在於，如果不是自己的錢，長期投資帳戶的資金會被綁死自然不在話下，就連短期交易帳戶的資金也有可能會長期占用。這個觀念不僅是安全投資的基本，也是為了日後投資資金的增加預先做好準備。

即便現階段資金不足以投資，如果每個月都有薪資或事業上的收入，那麼選擇定期定額投資作為資產的分配方式，也是不錯的做法。

不過，即使是做定期定額投資，投資資產的分配也應該與最初的設定保持一致性。好比說，如果是將長期投資帳戶和短期交易帳戶的投資資產分配比例設定為 4：6，每個月 100 萬韓元的定期定額投資資金，也要分別以 40 萬韓元和 60 萬韓元的比例存入個別帳戶，保持一樣的比例。

雖然還有所謂的負利率貸款等，至少可以延長三年以上還款期限的銀行長期貸款，可以借用作為投資資金，不過如果可以的話，最好還是用閒置資金來進行投資規劃。

原則 3
長期投資帳戶的目標報酬率必須設定在 10% 以上

完成資產的分配後,接下來該做的是,要設定希望透過股票投資獲得的預期報酬率或目標報酬率。

對我來說,長期投資的目標是資產增值,而短期投資的目標則是創造現金流量。因此,如果你是投資先生,最好把長期投資的目標報酬率設定在 10% 以上。如果你有豐富的投資經驗,或者應該可以達到更高的報酬率,將年度目標報酬率設定得更高一些也不錯。

另外,每檔股票的規模和未來成長性都不會一樣,所以為每檔股票設定不同的目標報酬率是一個好主意。只是如果沒有明確的依據,僅僅是基於想望而設定的目標,對投資並不會有所幫助。因此,對於欠缺投資經驗的投資先生來說,我建議統一設定在 10% 左右。

原則 4

個股的初始買進金額必須限制在該帳戶投資資產的 5% 以內

七分法並不是買賣股票的方法，而是一種建立投資機制的方式。因此，即便投資資金的規模增加了，重要的是盡量將目標報酬率降低的錯誤減到最低。

長期投資帳戶的資金分配上，也要遵守一定的原則。這個必須遵守的原則就是，個股的初始投資金額不能超過該帳戶投資資產的 5%。

舉例來說，假設有一個投資人有 1 億韓元的資金，他的長期投資帳戶和短期交易帳戶的投資資產配置比例是 4：6，也就是他的長期投資帳戶的資產是 4,000 萬韓元（約新臺幣 100 萬元）。4,000 萬韓元的 5%，也就是 200 萬韓元，這個金額便是投資先生在個股上可以運用的最大金額。

這不僅是分散投資中的重要原則，對於未來有效執行短期交易資產而言，也是非常重要的。七分法的基本運作機制是，當第一次買進的股票價格下跌超過特定比例的情況下，按照這套機制的運作模式，投資人最多可以有六次

追加投資的機會。因此，如果初始買進的規模過大，會影響到後續追加買進的運作。

原則 5
當前帳戶的股票投資虧損率超過 3% 時才可以追加買進

　　七分法的投資策略所指的追加買進，和所謂的加碼攤平是完全不一樣的兩個概念。雖然加碼攤平是基於為了已購買的股票下跌時降低平均成本，但七分法的追加買進卻是「要以更便宜的價格入手好股票」。

　　當 1 號帳戶以 100 萬韓元首次買進的股票，價格下跌 5% 以上時，對 2 號帳戶來說，是可以用比 1 號帳戶便宜 5% 的價格買進該股票的好機會。因此，完全沒有必要基於降低平均成本，而投入比首次買進時還要多的資金。

　　同樣地，當 2 號帳戶如果也發生股價下跌 5% 的情況時，此時 3 號帳戶只要明白，可以用比 1 號帳戶整整便宜 10% 的價格入手好股票就夠了。

　　只用分割帳戶來處理股票交易的情況下，可能會出現

「買到比之前便宜的好股票,所以無所謂」、「股價下跌,損失慘重」,諸如此類自相矛盾的想法。但是當你透過獨立帳戶進行交易時,因為只需要考量接手的另一個投資分身的立場,這時候就能體會到自然而然做到自我調整心態的奇妙經驗。對 1 號帳戶和 2 號帳戶而言,雖然是難過的事,但對 3 號帳戶來說是一個好機會。

這套模式在獲利了結時,同樣也能發揮作用。當 3 號帳戶追加買進股票後,假設股價反彈 3%,這時候 1 號帳戶和 2 號帳戶可能還在虧損狀態中痛苦煎熬,而 3 號帳戶就可以心存感謝這 3% 的獲利,然後果斷地獲利了結。

當這種情況發生的瞬間,市場先生就成為投資先生的囊中之物,因為這時候無論股價是漲是跌,結果都會皆大歡喜。此時的投資先生從此被賦予了無論在任何的股價波動下,都能不受干擾地持續發揮投資的力量。

原則 6
追加買進的金額必須與初始買進金額一致

七分法的基本原理是,將長期投資帳戶和短期交易帳

戶分開獨立操作,同時盡可能發揮這兩種投資形式的優勢。為了讓這個機制為我們帶來獲利,必須透過短期交易來充分保障長期投資上的所需。

基於這樣的意義,短期交易帳戶部分應該更著重「實現獲利」,而非「獲利的大小」。為了防止過快進行額外投資,導致所有帳戶都用於長期投資,帳戶之間的購股平均成本部分,差異越大,就會越穩定。不過,假使將買進的平均成本差異設置太大,可能會不容易掌握短期交易的時機,因此根據個別股票的規模和價格波動趨勢,進行有效調整是很重要的。

以下是為投資先生提供,適合各個帳戶投資時機的建議。當 1 號帳戶首次購入的股票股價大概跌到 3% 左右時,2 號帳戶就要開始買進;當 2 號帳戶的股票出現 5% 左右的虧損時,3 號帳戶就開始買進;其他帳戶的購股時機可以此類推。

許多股票投資人可能都不會喜歡被困在「箱型區間」的市場先生,假使股價在尚未達到獲利區間的價格範圍內,卻陷入箱型區間的情況下,投資人最後可能會失去耐性,並且採取最糟糕的停損措施。

但是對研發出七分法投資策略的投資先生來說，這個盤整區間反而是實現收益的好機會。因為在 6 個帳戶中至少會有一個投資分身可以持續體驗自己在這一頭賣出下跌股票的同時，另一個分身就趁機買進上漲股票的美好經驗。

　　當追加買進的時機點到來，還需要考慮的一點就是：「是否要追加買進？」這時候不一定非要把握這個時間點，即便一開始就想好前一個帳戶下跌 5% 以上時要追加買進，其實還是要視情況判斷要不要遵守這個 5% 的原則。因為如果未能及時把握時機，等跌到 10% 時再進場追加買進也無妨。

　　根據股票的種類、市場情況和相關議題，延後買進時機也是可以的；也就是說，只需要心裡有個底，「前一個帳戶的報酬率下跌 5% 以上，就應該考慮追加買進」，但是不代表一定要這麼做。

　　簡單來說，追加買進的時機雖然是需要遵循的原則，但是「等到跌幅再大一點才要買進」，或是「完全不再追加買進」，則完全取決於握有追加買進機會的投資分身的判斷。

　　除了 1 號帳戶這個長期投資的分身以外，其餘帳戶的

投資分身都同時具備「可以低價買進的機會」和「不買進的權利」。這是在股價持續下跌的情況下，無痛享受「不買股票的好處」的好方法。

原則 7
不設定停損點

投資標的最好是像美元一樣穩定的對象，七分法投資策略才能有效運作。這個機制源自於美元投資，也是因為美元資產這種具有明顯的下跌趨勢，並且沒有破產風險的公司股票及其股價模式，與七分法投資策略十分相稱。

如果從巴菲特的老師葛拉漢和費雪的投資喜好來考量，比起重視成長性公司價值的費雪式投資策略，葛拉漢重視的則是股票的低本益比和低淨值比、穩定的財務績效的投資方式，更適合七分法投資策略。

七分法投資策略更重視投資對象的財務穩定性，而非發展潛力，原因在於可能導致該系統無法有效運作的狀況是「公司破產」。根據我迄今使用這個系統的投資經驗，它確實能夠實現避免虧損的安全股票投資。

這個系統當然也有使不上力的時刻,就是公司下市,這種投資對象失去價值的情形。換句話說,即使股價長期下跌,只要公司不倒閉,還是有機會獲利,這也是支持最後一個投資原則——不設定停損點的依據。

由七分法自動掌控的幾件事

七分法是為了掌控投資股票的過程中,許多不利因素的「我」,而被創造出來的投資系統。當初只是想要改變錯誤的交易模式,而做出來的這個小嘗試,連我自己也沒想到後來能把這麼多事都帶向積極的一面。在此列舉迄今為止,本身實際驗證過的七分法投資策略的優勢。

1. 分批買進:基本上,當 1 號長期投資帳戶裡首次購入的股票價格下跌時,才能運用另一個分身帳戶追加買進,因此自然而然地實現穩定的分批買進。以追加買進的金額不能多於首次買進金額的原則為前提,根本上絕佳地杜絕了隨波逐流的交易情況。

2. 分批賣出:以不設定停損點為原則,股價暴跌只會

提供以低價追加買進的機會。我自己也很難遵守暴跌時買進、暴漲時賣出這個非常基本的投資原則，但是經由七分法投資策略，卻能很自然地遵循。

此外，在採用這套系統的情況下，停損的原則無法成立，是因為系統會將你導向自然而然地遠離那些無法確定的、高風險的股票，協助你具備理想的選股眼光。

3. 現金比例：當 1 號長期投資帳戶中首次買進的股票必須下跌 3% 以上時，2 號至 7 號短期交易帳戶才能買進特定的股票，遵守這個原則就能自然而然保留手邊的現金。股市下跌才能透過追加買進降低現金的比例，上漲時也才能透過實現獲利來提高現金的比例。七分法系統能夠實現高價賣出、低價買進，這種理想的股票投資模式。

4. 長期投資：如同前面多次提到，「長期投資是好的，短期投資是不好的。」這是不必要的觀念，有「達成目標報酬率是好的，達成報酬率之前放棄是不好的。」這樣的觀念也就夠了。要達成目標報酬率需要投入大量的時間和耐心，或許這就是「長期投資」一詞可以概括一切投資的原因吧！

作為投資人成功的要素之一，就是讓時間成為自己的

盟友。之所以很難做到這一點,我想是因為需要有耐心的關係。從投資的耐心是指忍耐欲望和恐懼的角度來說,想要實現長期投資無疑必須具備驚人的功力和經驗。

從這樣的角度而言,七分法的投資分身是能同時控制欲望和恐懼的一個好方法。想要滿足獲利的欲望可以透過短期交易來解決,害怕股價下跌的恐懼就交給具備充分的能力,可以追加買進的2號至7號帳戶的投資分身去克服。

5. 分散價值投資:價值投資之所以讓人覺得困難,是因為對於自認為買對了的投資對象缺乏信心。對投資對象的信心是來自於分析個股的能力,這種能力涉及預測投資對象的發展潛力,對一般投資人來說是非常高難度的事。

正因如此,價值投資和集中投資通常是相輔相成,因為個人投資人如果要理解,並應付各種股票的價值,從物理角度而言,是相當困難的一件事。這意味著缺乏個股分析能力就無法進行價值投資,也代表著如果要進行價值投資,將無可避免地暴露在集中投資的風險裡。換句話說,無論從哪個角度來看,一般投資人都很難正確地駕馭價值投資。

基於這些原因,我考量過如何透過分散投資的方式來

進行價值投資,最後也順利做到運用系統去掌控以財務績效為基礎的量化,也就是計量價值投資。七分法正是能夠實現這種「分散價值投資」的投資系統。

第 6 章
七分法再進化

首次公開投資績效

本書是在 2020 年 10 月出版的《一箭七鵰,新手最佳股票策略》的增修版。初版問世當時,我想著如何讓讀者更有效地理解七分法投資系統,最終得到的結論是要讓大家「百聞不如一見」,決定將從選股到買進、賣出的所有交易紀錄公開透明化。

老實說,如果我是一個被公認為高手的專家,就不可能做到這件事了。正因為我只是一個普通的投資人,即使結果並不成功,也不會覺得丟臉或是有什麼問題。

從 2020 年 11 月 2 日買進律村化學股票開始的七分法實戰公開投資,直到 2023 年 10 月 31 日,一共進行為期三年的公開投資。

這是啟動七分法公開投資時,在部落格上發表的文章內容。

> 「任何人都能做菜!」(Anyone can cook!)
> 這位傳奇廚師的話,為那些有志成為廚師的人帶

來莫大的鼓舞。

不過,如果是一隻「老鼠」聽了這句話而受到啟發,會出現什麼樣的發展?

迪士尼動畫《料理鼠王》(Ratatouille)是講述絕不容許出現在廚房裡的一隻老鼠,經歷各種考驗後,終於成為法國最高美食評論家讚譽廚師的故事。

我也有一句口號。

「任何人都能投資!」(Anyone can invest!)

股票投資不是只有具備「鋼鐵心」的投資高手才能做的事。

像我這種「玻璃心」的人也可以。

我不是什麼股票投資高手。

在資本主義制度下,尋找經濟自由的「股票投資」是必須,而不是選擇。

如果「非做不可」,就要「做出成果」。

我只是一個希望以親身經驗證明平凡的一般投資人,也可以是「不虧損的安全投資」的「過來人」,

而不是什麼「專家」。

百聞不如一見！

啟動「七分法實戰投資大公開」。

從選股到買進、賣出，很難用文字說明、不容易理解的「實戰投資過程」，即將完整呈現給大家。

無論是賺錢還是虧損，我會把投資的「每一分錢」的真實數據完整公開，而不是只講抽象的報酬率。

「投資進行法實戰大公開」

1. 以「七分法」進行股票投資。（透過手機通知，隨時掌握即時交易。）
2. 最少 5 分鐘，最多 30 分鐘內，所有買進、賣出、交易時間、金額單位小至 1 韓元，公開「無馬賽克 MTS 交易截圖」。
3. 以每年 4% 以上的股利收入結構與年化報酬率 10% 以上為目標。（為財務自由設置的投資資產與超額報酬。）

成功的話是教學紀錄，失敗的話就當作看了一場搞笑表演……

無論結果如何，都將成為「有趣的」、「值得學習的」內容。

「三人行，必有我師焉。擇其善者而從之，其不善者而改之。」

——孔子

不能跟著買一樣的股票嗎？
我不懂怎麼選股票，
我不懂怎麼判斷股票，
這就是我建立「七分法」的原因。

「以適當的價格買進適當的股票。」

——過來人

可以參考投資的方法，但是不要盲從追隨。

公開投資的歷年表現

以下將分年度分析說明公開投資方法的成果。

2020 年

項目		內容	備註
期間		2個月	2020年11～12月
本金（萬韓元）		4,000	
平均餘額（萬韓元）		2,000	
收益（萬韓元）		121	
報酬率（％）	以本金為基準	3.03	
	以平均餘額為基準	6.05	
	市場（KOSPI指數）	22.61	2,300～2,820

在 2020 年 11 月開始公開進行投資時，就遇到股市大幅上漲。遺憾的是，七分法是採取分批買進作為基本策略，所以未能完全享受到股市上漲的好處。這是七分法為數不多的弱點之一，如果是在股市大幅下跌的情況下，反而能利用分批買進策略，在較低點買進股票。

雖然在上漲行情中，七分法策略無法實現最大化獲利，但是在下跌行情中卻能安全投資而避免虧損。事實

上,2022年9月,KOSPI指數下跌到2,170點,比開始投資時下跌了130點。此時如果採用盲目的長期投資方式,不僅無法獲得巨大獲利,反而可能會陷入虧損的地步。

2021年

項目		內容	備註
期間		1年	2021年1～12月
本金(萬韓元)		10,600	
平均餘額(萬韓元)		5,300	
收益(萬韓元)		517	
報酬率(%)	以本金為基準	4.88	
	以平均餘額為基準	9.75	
	市場(KOSPI指數)	1.12	2,944～2,977

2021年7月,KOSPI指數曾上漲到3,185點,後來持續下跌,最終後以2,977點作收。雖然七分法的獲利並不高,但是經由分批買進和分批賣出,持續實現獲利,因此報酬率大幅超越市場報酬率。

2022 年

項目		內容	備註
期間		1年	2022年1～12月
本金（萬韓元）		17,000	
平均餘額（萬韓元）		13,000	
收益（萬韓元）		−361	
報酬率（%）	以本金為基準	−2.12	
	以平均餘額為基準	−2.78	
	市場（KOSPI指數）	−23.72	2,989～2,280

2022 年對股票投資人來說是有如噩夢般的一年，KOSPI 指數從 2,989 點開始，暴跌到 2,280 點，市場報酬率創下高達 −23.72% 的跌幅。

不過，七分法在那次的暴跌行情中展現真正的價值，雖然沒有獲利，但是虧損率不到市場的七分之一，因此得以持續進行不虧損的安全投資。

2023 年

項目		內容	備註
期間		10個月	2023年1～10月
本金（萬元）		15,000	
平均餘額（萬元）		14,000	
收益（萬元）		2,754	
報酬率（％）	以本金為基準	18.36	
	以平均餘額為基準	19.67	
	市場（KOSPI指數）	2.70	2,218～2,278

2023年從1月到10月間，進行了為期十個月的投資。在這段期間，市場從2,218點橫盤震盪至2,278點。儘管市場報酬率只有2.7%，但是七分法的表現卻超出預期，創下超越市場報酬率7倍的超額收益，這主要受惠於浦項製鐵國際（POSCO International）等長期投資標的達到200%以上的報酬率。

七分法已經證實經由分批買進和分批賣出能夠創造現金流量，並以時間為武器，最終目的是為了能夠承受長期投資與價值投資的考驗。

三年綜合

項目		內容	備註
期間		3年	2020年11月～2023年10月
本金（萬元）		12,000	
平均餘額（萬元）		9,500	
收益（萬元）		3,031	
報酬率（%）	以本金為基準	25.25	
	以平均餘額為基準	31.90	
	市場（KOSPI指數）	−0.90	2,300 ～ 2,278

在進行公開投資的三年期間，KOSPI 指數的報酬率下跌到不可思議的 −0.9%。在這種情況下，多數的股票投資人不但沒有獲利，恐怕還得為了如何彌補虧損而焦慮不安。

不過從七分法的角度來說，這根本是上天的賞賜，即使不是以 −0.9% 去結算三年的市場報酬率，就算是以 1% 來結算成果，仍然創造超過市場報酬率 30 倍驚人的超額收益。

如果你投資的是一家很普通，但還算過得去的公司，卻一樣獲得這樣的成果，這都要歸功於分批買進、分批賣出的策略。

個股投資案例分析 1：三星電子特別股

「以合理的價格買下優秀的公司。」

這是股神巴菲特的話。

「以最好的價格買下合適的公司。」

這是某位投資高手借用巴菲特的建議後所說的話。

可惜包括我在內的一般人，很難判斷怎麼樣算是一家優秀的公司、什麼樣的價格才是最好的價格。平凡如我們所能做的，就只是「以合理的價格買入合適的公司」。遺憾的是，這樣的投資即使做得再好，也只能期待相當於市場報酬率的獲利。投資的結果完全仰賴市場趨勢，成為所謂的「祈禱式交易」，也就是靠運氣來決定成敗。

這個問題還是有方法可以解決的，也就是以合理的價格買進一家合適的公司，然後「用睿智的方法投資」。在任何人眼中，三星電子看起來就是「合適的公司」。一般投資人並不了解怎麼做價值評估，也就是無法對公司評價，所以不知道如何判斷「合理的價格」。

我在進行公開投資時的情況也是如此，立刻就明白三星電子是適合投資的公司，但卻不確定在什麼股價時買進

會比較好,所以只能以自認為合理的價格時買進。

不幸的是,當時自認為合理的價格,不僅不是最好的價格,甚至根本說不上是合理的價格。像是在警告我不要違背了買進後會下跌、賣出後會上漲的股票自然法則,2021年10月5日,以每股6萬6,400韓元(約新臺幣1,660元)買進的三星電子特別股,大約一週後跌到6萬4,000韓元(約新臺幣1,600元)。

所幸大約兩個月後,股價開始反彈,上漲到7萬2,000韓元(約新臺幣1,800元),報酬率達到8%。當時如果投資300萬韓元(約新臺幣7萬5,000元),就有機會賺到25

股票交易內容		
三星電子特別股		
損益金額	賣出金額	
雜費	120	買進金額 2,988,000
交易日	已實現損益	金額 手續費
交易別	損益率	數量 交易稅
2021.10.05		2,988,000 1
現金買進		45

1號帳戶初始買進

三星電子股價趨勢圖（2021/07 ～ 2023/11）

▼最高 75,400（－24.14%）

▲最低 46,300（23.54%）

74,298
70,760,
67,222
63,684
60,146
57,200
38,070
49,532
45,994

萬韓元（約新臺幣 6,250 元）。如果是只看短短兩個月的投資時間，這樣的收益已經很不錯了，只是期待價值投資能帶來更大收穫的我，決定不實現獲利，繼續持有股票。

然而，一如股票總是在我賣出後，反而會出現上漲的趨勢，當我想要留在手中時，股票就會無情地往下跌。後來，三星電子特別股一次都沒有超過我的買進價格，在 2023 年 11 月股價跌到 5 萬 6,600 韓元（約新臺幣 1,415 元）。

股票名稱 / 交易別	平均損益 / 報酬率	餘額數量 / 平均金額	平均買進價格 / 目前價格
三星電子特別股	-446,323	45	66,400
現金	-14.94%	2,547,000	56,600

1 號帳戶的平均損益

2021 年 10 月,1 號帳戶買進的股票,到 2023 年 11 月為止虧損了 15%,未實現損失金額近 45 萬韓元(約新臺幣 1 萬 1,250 元)。

股票名稱	平均損益 / 報酬率	餘額數量 / 平均金額	平均買進價格 / 目前價格
三星電子特別股	-273,600	48	62,300
	-9.14%	2,716,800	56,600

股票名稱	平均損益 / 報酬率	餘額數量 / 平均金額	平均買進價格 / 目前價格
三星電子特別股	-36,400	52	57,300
	-1.22%	2,943,200	56,600

2 號帳戶與 3 號帳戶的平均損益

追加買進的 2 號帳戶和 3 號帳戶,也分別出現大約 27 萬韓元(約新臺幣 6,750 元)和 4 萬韓元(約新臺幣 1,000

元）的未實現虧損，三個帳戶的未實現虧損總計 76 萬韓元（約新臺幣 1 萬 9,000 元）。這就是買進一般股票，以一般價格買進，然後依賴市場走勢和運氣來投資的結果。

不過在股價下跌期間，七分法在子帳戶中持續進行追加買進和獲利了結，結果如下。

2 號至 6 號帳戶的總收益 107 萬韓元（約新臺幣 2 萬 6,750 元），減去 1 號至 3 號帳戶的未實現虧損 76 萬韓元（約新臺幣 1 萬 9,000 元），總收益為 31 萬韓元（約新臺幣 7,750 元）。另外，這還不包括約 3% 的季配息。

如果從 2021 年 10 月投資到現在，而且採取「買進並持有」策略，股價如果下跌至 4 萬 6,000 韓元（約新臺幣 1,150 元），屆時將無法避免投資金額縮減超過 30% 的痛苦，而且至今可能仍然處於虧損 15% 的狀態；或者如果在 2021 年 12 月以 7 萬 2,000 韓元賣出，就能獲得 25 萬韓元的獲利。不過在採取七分法策略的情況下，獲利上能得到的會比這個金額更多。

如果不是用七分法分散投資金額的方式，而是一次全額買進，然後趁著最好的價格全部賣出，當然可能獲取的收益就會更大。但是相對地，對於像我們這樣的一般投資

股票交易內容 — 三星電子特別股（2 號帳戶）

交易日 / 交易別	損益表現 / 損益率	金額 / 數量	手續費 / 交易稅
損益金額	156,760	賣出金額	9,075,100
雜費	22,930	買進金額	11,886,100
2021.10.25 現金買進		2,939,400 / 46	2
2021.10.26 現金賣出	29,376 / 0.99%	2,976,200 / 46	2 / 6,8
2022.03.08 現金買進		3,000,000 / 48	3
2022.03.10 現金賣出	69,124 / 2.30%	3,076,800 / 48	3 / 7,0
2022.03.15 現金買進		2,956,300 / 47	2
2022.03.17 現金賣出	58,260 / 1.97%	3,022,100 / 47	3 / 6,9
2022.04.06 現金買進		2,990,400 / 48	2

2 號帳戶損益表現：15 萬 6,760 韓元

股票交易內容 — 三星電子特別股（3 號帳戶）

交易日 / 交易別	已實現損益 / 損益率	金額 / 數量	手續費 / 交易稅
損益金額	292,408	賣出金額	15,298,100
雜費	35,964	買進金額	20,846,200
2022.04.15 現金買進		3,000,000 / 50	3
2022.04.21 現金賣出	42,385 / 1.41%	3,050,000 / 50	3 / 7,0
2022.04.25 現金買進		2,995,000 / 50	2
2022.05.18 現金賣出	47,395 / 1.58%	3,050,000 / 50	3 / 7,0
2022.06.13 現金買進		2,995,200 / 52	2
2023.03.08 現金買進		2,964,500 / 55	2
2023.05.19 現金賣出	92,168 / 3.00%	3,162,500 / 55	3 / 6,3
2023.07.10 現金買進		2,942,700 / 51	2
2023.07.11 現金賣出	49,523 / 1.68%	2,998,800 / 51	2 / 5,9
2023.07.26 現金買進		2,969,200 / 52	2
2023.07.27 現金賣出	60,937 / 2.05%	3,036,800 / 52	3 / 6,0
2023.08.03 現金買進		2,979,600 / 52	2

3 號帳戶損益表現：29 萬 2,408 韓元

第 6 章　七分法再進化　255

股票交易內容

三星電子特別股

損益金額	364,297	賣出金額	21,079,100
雜費	48,711	買進金額	17,862,700

交易日 交易別	損益表現 損益率	金額 數量	手續費 交易稅
2022.04.27 現金買進		2,958,000 51	2
2022.04.29 現金賣出	58,755 1.98%	3,024,300 51	3 6,9
2022.06.20 現金買進		2,986,200 54	2
2022.07.18 現金賣出	51,806 1.73%	3,045,600 54	3 7,0
2022.08.30 現金買進		2,997,500 55	2
2022.11.08 現金賣出	52,877 1.76%	3,058,000 55	3 7,0
2022.12.07 現金買進		2,964,500 55	2
2023.01.10 現金賣出	42,882 1.44%	3,014,000 55	3 6,0
2023.04.10 現金賣出	55,799 1.99%	2,865,200 52	2 5,7
2023.08.17 現金買進		2,992,000 55	2
2023.09.01 現金賣出	48,317 1.61%	3,047,000 55	3 6,0
2023.10.04 現金買進		2,964,500 55	2
2023.10.11 現金賣出	53,861 1.81%	3,025,000 55	3 6,0

4 號帳戶損益表現：36 萬 4,297 韓元

股票交易內容

三星電子特別股

損益金額	192,254	賣出金額	12,089,200
雜費	29,246	買進金額	11,867,700

交易日 交易別	損益表現 損益率	金額 數量	手續費 交易稅
2022.06.21 現金買進		2,959,000 55	2
2022.06.27 現金賣出	41,999 1.41%	3,008,500 55	3 6,9
2022.07.01 現金買進		2,958,300 57	2
2022.07.07 現金賣出	49,476 1.67%	3,015,300 57	3 6,9
2022.09.05 現金買進		2,998,200 57	2
2022.10.26 現金賣出	49,389 1.64%	3,055,200 57	3 7,0
2022.12.29 現金買進		2,952,200 58	2
2023.01.04 現金賣出	51,390 1.74%	3,010,200 58	3 6,0

5 號帳戶損益表現：19 萬 2,254 韓元

6號帳戶損益表現：7萬359韓元

股票交易內容

三星電子特別股

損益金額	70,359	賣出金額	3,066,000
雜費	7,641	買進金額	2,988,000

交易日	損益表現	金額	手續費
交易別	損益率	數量	交易稅
2022.09.23		2,988,000	2
現金買進		60	
2022.10.05	70,359	3,066,000	3
現金賣出	2.35%	60	7,0

子帳戶買進價格表

2號帳戶	3號帳戶	4號帳戶	5號帳戶
63,900	60,000	58,000	53,800
62,500	59,900	55,300	51,900
62,900	57,600	54,500	52,600
62,300	53,900	53,900	50,900
	57,700	54,400	
	57,100	53,900	

*3號帳戶的第4次買進紀錄是因為誤判買進需要的帳戶，因此改至4號帳戶。

人來說，因為沒有能力預測市場走向，所以可能會面臨更大的風險。正如巴菲特所說的，投資的第一原則是「絕對不要虧損」。

我們既不是投資專家，也不是高手，只是一群以自己出得起的價錢買進買得起股票的普通人。透過歷年來的財務數據，或許能判斷哪一家公司可能比較不會倒閉，但是要判斷股價的漲跌，難度之高根本是不可能辦到的事。

不過只要不是笨蛋，還是能懂得在股價下跌時買進，上漲就該賣出的道理，固然沒有預測的能力，還是能做到

及時應對。

個股投資案例分析 2：浦項製鐵國際

我的父親經商多年，不但未能賺到錢，反而一直在燒錢。或許有朝一日事業成功，就能賺到大錢，但是在成功之前卻只有無盡的痛苦。

盲目的長期投資就像我父親做生意的觀念，它讓人懷抱著遠大的希望，但是也存在著冷酷的事實。而且如同我所知道的，父親的生意多半都是以失敗收場。

後來我的父親決定放棄事業，重新回歸上班族生活，那是因為他不得不向冷酷的現實低頭。可是如果家人願意齊心協力幫助父親度過難關，成功的可能性就會大幅提高，而幫助父親的方法就是，不讓冷酷的事實變得更糟。

1 號帳戶就像是父親不知何時才能成功的事業一樣，持續經營公司的同時，投入長期投資、價值投資。而父親的孩子們，也就是 2、3、4、5、6、7 號子帳戶，則是透過短期交易，有點像是以打工賺錢的方式來幫助父親。2 號帳戶以外的子帳戶，透過短期投資獲得的收益，是為了

減輕 1 號帳戶的痛苦，也就是為了避免最壞情況而付出的努力。

以先前介紹的三星電子特別股投資案例來說，各位可能會覺得七分法策略雖然能實現「不虧損的安全投資」，但是投資最大的目的和目標，「報酬率」方面卻不太理想。儘管如此，三星電子特別股的投資並未結束，就像我的父親仍在奮戰的事業一樣，還在持續進行中。

不過這個過程既不困難，也不孤單，因為如前所述，整體來說是有獲利的。在子女們的打工收入超過父親虧損的情況下，這是有可能發生的逆轉。直到事業成功之前，父親是不會停止的。如果三星電子特別股的七分法投資是進行中的案例，接下來要介紹的浦項製鐵國際投資則是已經成功完成的案例。讓我們從右邊依序看一下 4 號至 2 號帳戶。

看到這裡，可能你會覺得獲利平平，談不上是成功的案例，更有人會貶低說這是為了賺小錢，可能反而賠大錢的投資方法。這種情況有點像是，我在努力說明必須承擔未實現虧損，以及如何將投資虧損最小化的方法，旁人卻在高談闊論銀行利息和機會成本之類的事。再舉一個例

第 6 章 七分法再進化 259

股票交易內容

浦項製鐵國際

損益金額	93,102	賣出金額	3,091,200
雜費	7,698	買進金額	2,990,400

交易日	損益表現	金額	手續費
交易別	損益率	數量	交易稅
2022.07.06		2,990,400	2
現金買進		168	
2022.07.08	93,102	3,091,200	3
現金賣出	3.11%	168	7,1

4 號帳戶損益表現：9 萬 3,102 韓元

股票交易內容

浦項製鐵國際

損益金額	289,251	賣出金額	15,285,450
雜費	38,099	買進金額	14,958,100

交易日	已實現損益	金額	手續費
交易別	損益率	數量	交易稅
2021.11.10		2,989,600	2
現金買進		148	
2021.11.12	44,215	3,041,400	3
現金賣出	1.47%	148	6,9
2021.11.17		2,982,200	2
現金買進		148	
2021.11.23	66,382	3,056,200	3
現金賣出	2.22%	148	7,0
2021.11.24		2,994,900	2
現金買進		149	
2021.11.25	74,288	3,076,850	3
現金賣出	2.48%	149	7,0

2 號帳戶損益表現：28 萬 9,251 韓元

股票交易內容

浦項製鐵國際

損益金額	47,697	賣出金額	3,049,400
雜費	7,603	買進金額	2,994,100

交易日	損益表現	金額	手續費
交易別	損益率	數量	交易稅
2022.07.01		2,994,100	2
現金買進		158	
2022.07.19	47,697	3,049,400	3
現金賣出	1.59%	158	7,0

3 號帳戶損益表現：4 萬 7,697 韓元

子，投資本來就是像跳進漢江游泳前，需要先確認水溫一樣，是有極端風險的事，有人卻因為一時跌倒，膝蓋擦傷，就蹲在一旁哭哭啼啼，不肯站起來。

截至目前為止，不過是為了幫助父親的事業成功，努力的家人們打工領回來的收益而已。我們要從1號帳戶的投資報酬率和浦項製鐵國際的股價圖了解一下，如果父親的事業成功，將會發展出什麼樣的局面。

父親很爭氣地在事業上取得亮眼的成功，完美的退場（exit）之後，與家人過著幸福快樂的生活。以放棄銀行的利息和承擔機會成本的代價來說，這樣的結果還算不錯。

股票交易內容			
浦項製鐵國際			
損益金額	6,178,090	賣出金額	9,179,100
雜費	18,740	買進金額	
2021.11.03		2,982,150	1
現金買進		141	
2023.07.24	6,178,090	9,179,100	3
現金賣出	207.16%	141	18,3

1號帳戶損益表現：617萬8,090韓元

浦項製鐵國際股價走勢（2021/07 ～ 2022/11）

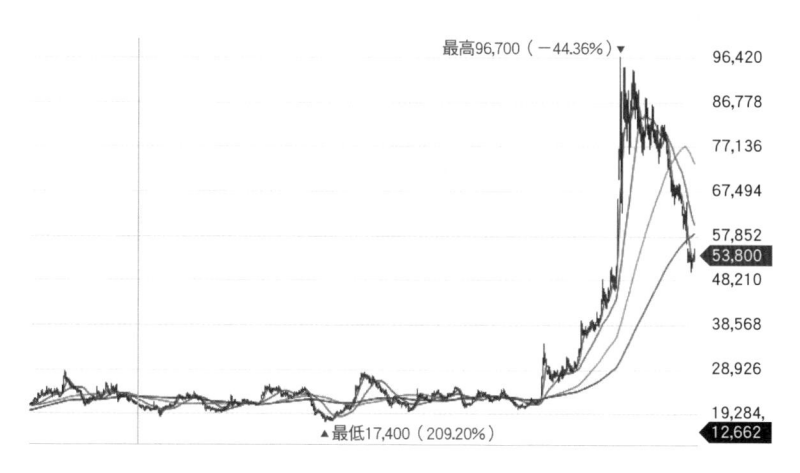

最高96,700（－44.36%）▼

96,420
86,778
77,136
67,494
57,852
53,800
48,210
38,568
28,926
19,284,
12,662

▲最低17,400（209.20%）

　　當然，並不是所有的投資標的都能有這種完美的結局。以浦項製鐵國際來說，2021 年 11 月以 2 萬 1,150 韓元（約新臺幣 528.75 元）買進，八個月後跌到 1 萬 7,400 韓元（約新臺幣 435 元），承受高達 18% 的虧損。有些股票就像是父親的事業處於風中殘燭的狀態，家人的處境同樣也令人憂心。但從七分法投資策略是即便失敗，比起不分批買進所受到的衝擊也會較小的角度來看，確實是「不會虧損的安全投資」方式。

應用七分法的投資標的

　　七分法原本是為了讓美元的投資發揮更好效果而設計的方法。

　　韓元兌換美元的匯率，不是用來衡量特定資產價值的「價格」，而是用於韓元和美元的「兌換比率」，所以是一個上、下限封閉的結構。韓元兌換美元的匯率即使再繼續下跌，也很難跌破過去五十年的最低水準 700 韓元（約新臺幣 17.5 元）；同樣地，上漲超過最高水準 1,700 韓元（約新臺幣 42.5 元）的可能性也很低。

　　而且價格走勢非常穩定，每天平均變動 5 韓元（約新臺幣 0.125 元）至 6 韓元（約新臺幣 0.15 元），如果以五十年期間的平均匯率 1,200 韓元為基準，日變動幅度只有 0.4% 至 0.5%。當然也有一天漲跌 10 韓元（約新臺幣 0.25 元）至 20 韓元（約新臺幣 0.5 元）的時候，但這是非常特殊的情況，即便如此，變動幅度也不過 1% 至 2% 左右。相較於股票的每日平均變動幅度來說，是非常穩定的。

　　不過，韓元兌換美元匯率的波動非常活躍，幾分鐘內就能上下波動 1 韓元（約新臺幣 0.025 元）至 3 韓元（約

新臺幣 0.075 元），因此我都是以「幅度小且頻繁」，來形容匯率的波動。

評估這些特質後，找到最適合美元投資的方法便是七分法。由於價格下限封閉且波動幅度小，所以即便是價格下跌時追加買進，投資較大的資金也不用擔心會有太大的風險。因為價格也有上限且波動頻繁，所以比起長期投資，更適合透過增加買賣次數來創造複利收益的短期交易。

投入六年的時間，採用七分法投資美元的結果，我發現可以做到連 1 元都不虧損的安全投資，於是透過公開投資，我向許多人證明了這一點。遇到匯率在 1,200 韓元以下時，用不設停損點的七分法，趁著每一次的下跌分批買進、上漲時分批賣出的模式操作，任何人都能成功。

我在運用七分法投資美元的過程中，發現這個系統對投資成敗非常重要的「心理管理」非常實用，所以決定也試著運用在股票投資上。但是股票與匯率有一些不同的特性，所以必須調整其中的幾個規則。

首先，股票與韓元兌換美元匯率不同的是，價格的上、下限是開放的。就像有人認為一樓下面還有地下室的空間可以運用，股票的底是無法預知的，甚至可能因為下

市而趨近於「零」。於是我在多數人都會近乎無上限追加買進的美元投資上，設定以 7 次為限，而這就是投資美元時是「無限分裂」的結構，股票的投資上則稱為「七分法」的由來。

當然，根據每個人的策略，把追加買進的次數改成 10 次或 20 次都可以。重要的是，無論要買幾次都不能是「無限制」，應該是「事先計畫好的固定次數」。如果不事先計畫好，每次追加買進時，投資金額都會增加，最後隨之而來的風險也會變大。

另外，還有一點很重要的是，投資標的最好是價格下限封閉的股票。投資像美元這種價值不會消失的股票，即使有限制地多次追加買進，也一樣能發揮進一步降低風險的效果。

除了確認在第 3 章提到的本益比、股價淨值比、股東權益報酬率等財務指標以外，還必須經由財務報表驗證，是否為「賺錢能力強、負債少、現金充足、配息穩定的公司」。至少要選擇近五年的銷售額和營業利益持續成長、負債比率低、流動比率和盈餘保留率高，而且股利也持續成長的公司，也就是至少要投資「破產可能性低的公司」。

即使經過這些確認和驗證後進行投資，風險仍然存在。因為我們可以透過確認和驗證來檢視過去的成果，但是無法預知未來。因此，為了將這種風險最小化，決定投資 20 個以上的標的，進行「分散投資」。

簡單來說，就是分散投資多家優質公司，然後在股價下跌時，按照預先的計畫，多次分批買進，藉此消除價格下跌的風險。

還有一個股票與匯率的不同之處，就是匯率價格的上漲空間和下跌一樣是封閉的，但股價的上漲空間也和下跌一樣是開放的。1981 年 1 月 1 日，蘋果（Apple）的股價是 0.13 美元，即使不考慮股票分割等股數的變動，2023 年 11 月的股價已近 200 美元，而且不知道未來還會上漲多少。到這裡，我相信各位已經充分理解「價格上漲的空間開放」、「股價呈現上漲」等說法代表的含意。

因此，如果用一般方式來投資上漲空間無上限的股票，長期投資會比短期交易能保證更好的報酬率。所以，我在原有的七分法中加入一個新的原則，第一次的投資必須是以價值投資為基礎、時間為武器的長期投資。後續的操作方式還是與追加買進美元的投資模式一樣，同時採取

下跌時分批買進、上漲時分批賣出的短期交易模式。

下表是美元投資和股票投資的七分法比較。

美元投資 vs. 股票投資

區別	美元 （韓元兌換美元匯率）	股票 （股價）	股票投資的七分法
價格下跌空間	封閉 （最低700韓元）	開放 （下市可能性）	根據計畫限制追加購買次數
價格上漲空間	封閉 （最高1,700韓元）	開放 （持續上漲可能性）	1號帳戶用於進行長期投資
價格波動幅度	小	大	以價格波動較小的大型績優股為主進行投資
價格波動	頻繁	非常頻繁	為了將投資風險最小化，將投資標的分散到20個以上

「七分法」的魔法

現今社會很少會發生因為無知，所以失敗，因為學習的管道不勝枚舉。

但是，「知道」和「做好」之間有很大的差異。明明是按照 YouTube 上白種元泡菜湯的食譜煮的，可是為什麼

自己煮出來的就這麼難吃？看似簡單，實際做起來卻不一定能做好。

投資尤其如此。明明知道要按照高手們教的，趁股價下跌時加碼買進，奈何受到恐懼的驅使，手指已經按下了螢幕上的賣出按鈕，然後不自覺地成為悔不當初的「後悔鳥」，不停重複「那時候應該買……那時候應該賣……」這句話。在投資的過程中，這是比知識更重要的心理素質上出了問題。

人心很脆弱，當頭腦下達的指令一再被內心拒絕時，往往會導致投資失敗，這時候就很需要一個能控制心理的機制。

有時我反而會很高興見到股價暴跌。以前的我只希望每天都能上漲，現在反而會希望股價能頻繁下跌。只是一個分批買進和分批賣出的小小動作，卻能夠控制那些會摧毀投資的糟糕心理。

投資本來就應該是「低買高賣」的事，但更常出現的是「買了就跌，賣了就漲」的情況，所以失敗的可能性也很高。分批買進和分批賣出，是解決這個問題最有效且最好的方法。

我自己親自操作過的七分法，在驚人又戲劇化的收益方面雖然略顯不足，但至少在追求安穩、不虧損的投資方面是再好不過的方法。投資不是不平凡的人獲得勝利的贏家遊戲，而是少犯錯的人才能獲勝的輸家遊戲，所以需要具備面對市場的下跌也能不動搖的心理素質，以及「一輩子都不會斷流的現金收益」。

　　不過，如果投資的經驗太少的話，想要操作七分法就不會如想像中那麼容易。儘管理智上清楚明白需要精確地掌握時機，下跌時買進、上漲時賣出，然而實際上卻會因為對股價下跌的恐懼，和上漲時人性的貪婪，往往未能按照原定計畫執行。因此，基於希望能夠幫助大家更加善用七分法，我又另外研發出名為「魔法分割法」（Magic Split）的投資祕訣。

　　雖說本性難移，但是我們可以改變環境，環境的改變有時也能讓人有所轉變。好比說，光是憑藉一股不想遲到的意念，並無法戰勝賴床的習慣，但是一個簡單的鬧鐘就足以把人從熟睡中吵醒，如果你做不到「像機器一樣精準的反應」，就讓「機器來反應」也可以。

　　股價暴跌時，人們會因為恐懼而猶豫該不該加碼，獲

利時又會因為貪婪而遲疑該不該賣出，但是機器卻可以毫無負擔，甚至是非常輕易地克服這個問題。以人類心理難以控制的事情，交給根本不存在心理因素的機器來處理，就會變得很簡單，一點都不複雜。

魔法分割法的最基本功能，是把一個帳戶分割成多個虛擬帳戶。在我還沒有開發出魔法分割法之前的做法是，必須先開設多個帳戶，以便運用七分法。不過，現在有了魔法分割法後，即使只有一個帳戶，也可以像虛擬帳戶一樣，「分割」成多個分身。

其次重要的功能是，自動分批買進和自動分批賣出，投資人只需要預先設定好特定股票價格相較於初始或前次買進價格下跌時，依照設定的百分比追加買進，如此便完全不會受到暴跌時恐懼情緒的影響。這是因為魔法分割法會按照投資人事先的設定，自動執行追加買進。在獲利了結方面也一樣，沒有一絲貪婪或猶豫，這就是機器。從某種意義上來說，這是在股價下跌時分批買進、上漲時分批賣出的最可靠執行方式。

「不要把所有的雞蛋都放在同一個籃子裡。」這句投資格言實在太出名，讓人覺得有點麻木了。簡單來說，就

是要我們分散投資標的的意思。不過,大部分的價值投資人反而都覺得這是「對無知者的防護網」,他們認為個人投資管理的股票至少可以有 5 檔,但是不要超過 10 檔,而且絕對不能進行「百貨式投資」。那麼,究竟該迎合什麼樣的節奏呢?

有人說,他喝了加入少量老鼠藥的汽水後,一個月就減重 30 公斤,如果照著做會怎麼樣?別說是減重了,大多數的人可能就會直接喪命。也許服用老鼠藥成功減重的人確實存在,但如果因此死亡的人數是以千計、萬計的話,這個方法還能算是有效的減重方法嗎?

這是在告訴我們,不能盲目相信投資專家或高手們用特殊方法成功的經驗。即便對方不是騙子、他說的話也都是真的,但是照著他的方式去做,並不代表每個人都能像他一樣成功。

即使如同面臨國際貨幣基金(International Monetary Fund, IMF)援助這樣的經濟危機,仍然勇於將全部財產投資股市而成功的「超級散戶」,這些人不是騙子,他們認為面臨重大危機時要勇敢的觀點,也不能說是錯誤的。但是同樣在這個時間點,將全部財產投入股市而失敗的人,

數量肯定遠遠超過成功的人。儘管如此，我們也不能排除，這個人可能是眾多投資人中少數幸運存活的人之一。

服用老鼠藥在短期內成功減肥的說法，聽起來很刺激又吸引人，反觀戒掉宵夜，並且每天早上走 1 萬步，在長時間堅持下，終於成功減肥的說法，聽起來只讓人覺得無趣又老套。想要達到減肥的目標，需要做的事不是服用老鼠藥，而是要找到戒掉宵夜的方法，或是找到比每天早上走 1 萬步，更快、更容易達到相同效果的方法。

投資是管理金錢的一種方式，平凡的一般投資人若是照著專家或投資高手的話去做，可能會陷入無法挽回的風險。因為錯誤的資訊會導致失敗的投資，這不是像減肥失敗或高爾夫球打得不好這類可以無所謂的小事，而是可能會讓整個人生毀於一旦的重大事件，這也是我會建議新手投資人應該考慮長期投資，而不是短期交易；考慮價值投資，而不是動能投資，應該選擇比較不那麼有風險的投資方式的原因。

不過，如果你的方法是大家都在使用的很普遍方法，也就只能期待很普通的收益。以忠於基本原則為前提，同時也要具備多數人都不知道、只有自己才有的祕密武器，

如此才有機會獲得比較不一樣的收穫。

「分批買進、分批賣出的策略」不僅是世界級投資人一致推崇的「不會虧損的安全投資法」，而且幾乎是唯一安全的無可爭議方法。只是如果要真的身體力行，就像是試著戒掉宵夜和堅持每天晨間運動一樣困難。

七分法就是為了克服股價下跌時會想賣出、上漲時會想買進的人性弱點，而設計的分批買進、分批賣出的交易方法。

至於魔法分割法則是為了執行七分法而建立的最簡便方法，就像在有空調的涼爽室內，一邊觀看喜歡的綜藝節目，一邊在跑步機上輕鬆步行，而不是在炎炎夏日大太陽下痛苦步行 1 萬步。

如果有人想要體驗一下用魔法分割法執行七分法的經驗，現在就可以在網址列鍵入「magicsplit.com」，到官方網站上嘗試看看。

公開投資操作比回測數據更有說服力

「對男性很有用，但是我不知道該怎麼形容。」

這是曾經一度流行的韓國男性保健食品的廣告文案。

一度很希望有更多人了解七分法實用性的我,也有過相同的感受。

「對投資人來說,真的是一個好方法,但是我不知道該如何推廣。」

於是,我決定親自現身說法。

透過公開投資操作,我詳細說明七分法是如何運作,並且如同前面的介紹,我用超額收益證明這個方法在市場上的報酬率。

在公開操作如火如荼進行的過程中,我的身邊開始出現這樣的聲音。

「請問做過回測嗎?」

順帶一提,「回測」是利用過去的數據,就是透過過去的股價走勢來驗證以特定策略投資有何結果的過程。

我只能說,可惜七分法無法做回測,因為人無法在精準的時間點進行買進或賣出。但是機器可以,魔法分割法能根據「特定的股票下跌 5% 時追加買進、獲利 3% 時賣出」這樣的策略,精準地執行交易而完全不出錯。這意味著七分法也有回測的可能性,最後我們經由一個叫做

「Quantus」的量化投資程式完成回測。

透過量化投資程式回測的結果，令人驚訝並充滿衝擊，幾乎所有的股票都比買進後單純持有的盲目長期投資策略，獲得更高的報酬率。

這個結果其實說來合理，韓國綜合股價指數被稱為「箱型指數」，大多數的股票並不是一直都會持續上漲，而是在特定區間內橫盤震盪。七分法投資策略與韓國股市可說是十分契合，尤其是大型優質股和銀行股這類商業結構穩定、有一定的價格底部支撐，但成長性趨緩的股票，報酬率的差異會特別明顯。

舉例來說，假設採取買進並持有策略和魔法分割法策略，投資了KB金融的股票。透過魔法分割法執行的追加買進，和獲利實現的範圍設定為「下跌3%時追加買進，上漲3%時獲利了結」，並將次數設定為10次分批買進，從2008年10月到2023年10月，一共執行為期十五年的回測。回測結果顯示，買進持有策略的累積報酬率雖然只有13.41%，但是魔法分割法策略的累積報酬率卻高達119.93%。

回測的可能性，同時也意味著可以更多元化地運用七

KB 金融投資策略回測結果（2008/10 ～ 2023/10）

	買進並持有	魔法分割法
年度平均報酬率（%）	0.84	5.37
累積報酬率（%）	13.41	119.93
夏普比率（Sharpe Ratio）	0.19	0.40
索提諾比率（Sortino Ratio）	0.29	0.61
最大跌幅（%）	-62.03	-38.11
波動率（%）	33.91	16.66

KB 金融投資策略累積報酬（2008/10 ～ 2023/10）

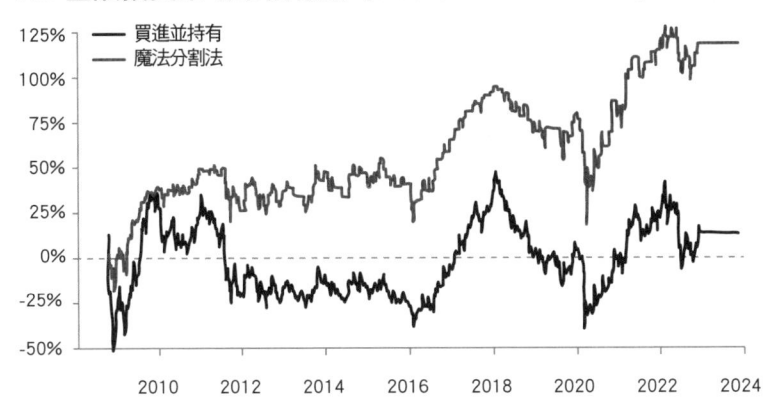

分法策略。決定追加買進和獲利了結的界限，究竟是應該採取「下跌 5% 和上漲 3%」較好，或是「下跌 4% 和上漲 2%」會更好，這並不是可以憑感覺或看心情隨便決定的事，我們可以透過分析過去的股價走勢，作為策略性判斷的參考依據。

此外，可以系統性驗證，看是要基於符合「七分法」原則，所以操作 7 次是否最有效果，或者也可以回測 3 次、10 次，然後將結果反映在投資計畫中。

我結合了七分法與量化分析；換句話說，就是結合魔法分割法和量化分析，將主觀的、隨興的、容易受心理影響的股票投資轉變為客觀的、有計畫的、不受市場狀況與心理影響的「不虧損的安全股票投資」，我強力推薦這套能夠幫助大家「早日實現財務自由」的最佳投資策略。

附錄
「七分法」Q&A

　　我的前一本著作《一箭七鵰，新手最佳股票策略》出版後，部落格、FN Media 出版社及社群媒體等，都收到來自許多讀者各式各樣的提問。此外，「七分法 CAFÉ」、YouTube 頻道和魔法分割法網站等收到的許多問題，我也將相應的答覆一併整理如下。

　　希望這些答覆能為讀者朋友解答在閱讀本書時產生的疑問，並且有助於大家從事明智的投資。

Q1：操作七分法需要好幾個證券帳戶，請問可以在一家證券公司一次開立所有的證券帳戶嗎？或是一家證券公司只能開辦一個帳戶呢？

　　最好是每個證券帳戶都放在不同的證券公司，才更能將七分法的核心「分批買進、分批賣出」策略系統化。因

此，需要用到多個實體的證券帳戶。就像我們可以在一家銀行開設多個帳戶一樣，證券公司也一樣可以。不過，可能免不了在不同的證券公司辦理開戶時耗時等待的麻煩。

隨著採用七分法投資的使用者越來越多，基於想要解決諸多的不便和困難，我們開發一個名為「魔法分割法」的應用程式，可以將一個證券帳戶分割成多個虛擬帳戶。使用這個程式就不需要開設多個實體的證券帳戶，可以自行建立最多 50 個虛擬帳戶。大家可從以下連結進入官方網站：https://magicsplit.com，下載使用「魔法分割法」應用程式。

Q2：應該怎麼設定每個帳戶和每支股票的投資比例呢？

比較優質或是比較有把握的股票，可以考慮設定較高的比例，其他股票則設定較低的比例，根據個人的投資傾向和方向來判斷，會是一個不錯的策略。但如果是經驗不足的新手小白，恐怕並不容易做出最好的判斷，因此可以考慮平均投資。例如，假設你打算用 2 億韓元的資金投資 20 支股票，那麼每支股票的最大投資金額就是 1,000 萬

韓元。

　　雖然各檔股票的投資比例可以根據計畫提前設定，但是每個帳戶的投資比例完全取決於各檔股票的收益。例如，假設我們計畫將一支股票的投資金額定為 1,000 萬韓元，並且分 10 次購買。如果在初始投資後，每下跌 5% 便追加買進，則當某支股票下跌約 50% 時，1,000 萬韓元的資金可能一下子就用完了。不過，有些股票在買進後可能會立刻上漲，投資金額就會停留在 100 萬韓元停滯不變。

　　剩餘的資金可以視情況用來投資新的股票，以利於增加投資的股票數量。按照這種投資結構，1 號帳戶裡應該會有每支 100 萬韓元，一共 20 支股票，總投資金額為 2,000 萬韓元；2 號帳戶的投資金額則取決於 1 號帳戶裡下跌 5% 左右的股票數量，如果有 10 支股票下跌超過 5%，2 號帳戶的總投資金額就是 1,000 萬韓元；3 號帳戶則包含從 2 號帳戶中繼續下跌 5% 以上的股票，所以總投資金額會比 2 號帳戶更少。

Q3：2 號帳戶該在什麼時候買進，投資多少比較適合？

　　建議在 1 號帳戶的初始投資股票下跌 3% 以上時，透

過 2 號帳戶買進。如果追加買進的時機太快，可能會導致投資資金快速耗盡；如果你想要縮小追加買進的差距，最好是增加買進次數或減少投資金額。

2 號帳戶最好投資與 1 號帳戶相同的金額。如果 1 號帳戶的投資金額太小，將難以獲得有意義的長期投資收益；相反地，如果金額太大，則會難以透過追加投資來避險，所以制定投資計畫時要充分考慮這些因素。

Q4：我準備 1 億韓元的投資資金，想把其中的 4,000 萬韓元用於長期投資，那麼 1 號帳戶會投入 5%，也就是 200 萬韓元。請問這樣大概可以投資幾支股票？

股票的上漲時機是無法預測的，下跌同樣也是如此。因此在制定投資計畫時，最好先確定總投資金額要投資多少支股票，然後再決定每支股票要分幾次買進。

假設把 1 億韓元分散投資在 20 支股票上，每支股票分 10 次投資，每支股票的投資金額便是 500 萬韓元，每次投資金額是 50 萬韓元。按照這個計畫，1 號帳戶的投資金額會是 1,000 萬韓元。

並非所有最初買進的股票都會同樣下跌，所以隨著時

間的推移，會有剩餘的資金，如果將這些剩餘的資金用於增加投資股票數量，則 1 號帳戶的投資比例自然就會增加了。

不過，假如一開始就想把長期投資，也就是將 1 號帳戶的投資金額增加到 4,000 萬韓元的話，每支股票的投資金額就會是 200 萬韓元，追加投資金額也會相對較小，因此追加買進時就需要分成更多次，然後投入較小額的資金。

順帶一提，建議投資經驗不多的新手將長期投資的比例提高到 40% 以上。因為在對短期交易理解不足的情況下，如果短期交易的投資比重大於長期投資，當市場暴跌時，在投資心態上可能也要承受較大的影響。

Q5：像我這樣的上班族，每月要追加買進時該怎麼操作？例如，是要在 1 號帳戶追加買進，或是等股價下跌時用 2 號帳戶買進？

建議用 2 號帳戶買進。至於增加投資標的的問題，我推薦等到沒有合適的追加標的時，才開始增加投資標的。

Q6：1 號帳戶實現獲利後，什麼時候才能再買進同一支股票？可能已經上漲很多，要等到下一次的下跌時再買進嗎？

在 1 號帳戶實現獲利之後，最好是等到股價低於最初買進價格時再入手。而且值得投資的標的還有很多，沒有必要對已經獲利的標的念念不忘。

Q7：從結論來說，如果用 1 號帳戶在每次下跌時都進行加碼，應該會賺得更多，但這是新冠疫情（COVID-19）暴跌後反彈行情的結果，所以不能一概而論；而 2 號以下的帳戶看起來都只是用於心理層面的管理，應該說是用來增加安全感的方法，真的是這樣嗎？如果我反其道而行，那麼在下跌的情況下，即使有 50 個帳戶也無濟於事，對嗎？

由於股價存在下跌的風險，所以我們必須保持警覺，以因應公司下市等最糟糕的情況發生。因此，在一開始規劃初始投資時，應該事先設定好每個標的的最大投資金額，然後在該筆投資金額用盡時，就必須立即停止追加投資的動作。

Q8：七分法在非橫盤的上漲行情下，不會變成是不斷抬高

平均成本的策略嗎？或是一不留神，就會讓人錯過買進的機會？

　　即使是在上漲行情中，一定也會有被忽略或被低估的股票。在上漲行情中，除了一方面可以享受先前投入的長期投資的收益成長外，同時也可以將已實現獲利的投資金額，再用來發掘新的投資標的。因為投資本來就是一個風險較大的行為，與其追求最高報酬率，選擇避開最不好的情況才是有利的選擇。

　　當然，當我們累積更豐富的投資經驗，並且在能力上有所提升時，就可以承擔更多風險，來追求更好的報酬率。不過，七分法並不是用來冒著風險去鑽營最高收益的方法，而是一個可能無法獲取最好的收益，但卻安全的投資方法，所以特別適合新手投資人或是想要安全投資大筆資產的人。

Q9：4 號至 7 號帳戶裡的資金平常是閒置的，那麼整體資金的報酬率應該只能算是一半吧？

　　尚未投入的資金也就是待投資的資金，其實可以透過現金管理帳戶（Cash Management Account, CMA）或短期

票據等方式,獲取 2% 至 3% 左右的收益。在分批買進和分批賣出的過程中,雖然市場狀況不好的時候,我們不太會在意這一點;但是市場狀況好的時候,如果我們的身邊有閒置的現金,可能就會想著「我的幣值每天都在被通貨膨脹吃掉」。

不過,這是因為很多人都只會想到上漲的標的可以投資,並不知道其實下跌的標的同樣也可以投資,因此產生的誤解。

好比現金可以用來投資價格下跌的不動產,更可以投資暴跌的股票,甚至是投資下跌的美元之類的。尚待投資的現金的主要意義,並不是為了賺取那一點點連通貨膨脹都防範不了的微薄利息。換句話說,現金是投注市場下跌趨勢的一種「非常安全的反向投資產品」。

當然,市場也可能違反人們的預期而繼續上漲。所以,應該同時也要針對市場的上漲來下注。市場表現好的時候,增加現金比例;不好的時候,減少現金比例,這種投資結構是一般人都能在不虧損的情況下,安全投資的最佳選擇。

在計算報酬率時,將實際投資的資金視為本金,抑或

將包括待投資的現金在內都視為本金,最後的報酬率會根據計算方式而產生差異。假設在總投資金額1億韓元中,實際上只投資了一半,也就是5,000萬韓元,並獲得1,000萬韓元的收益,報酬率就可能是20%或10%;相反地,如果虧損了1,000萬韓元,則報酬率可能就是-20%或-10%。如果是前者,你可能會後悔採用分批投資的策略;而在後者的情況下,則會覺得慶幸自己做出這樣的決定。

究竟是要安全獲取較少的獲利,或是寧可承擔風險也要追求高獲利,都只是選擇性的問題。

Q10:請問七分法投資有沒有什麼缺點?

分批買進和分批賣出的方式,在下跌行情中不但有利於堅定投資的心態,不輕易受到影響,同樣也能降低虧損率;相反地,比較不適合期待上漲行情中獲得較大的收益。

這是要不要選擇不虧損的安全投資,或是選擇可能獲得高收益,但風險較大投資的問題,對一般投資人來說,選擇前者會比後者更有利。

如果想一想只有10%的投資人能在股市中獲利這句話,我們便不難理解應該做出什麼選擇。

Q11：七分法也可以運用在SPY、QQQ這些指數型基金嗎？

當然可以,如果對選股沒有信心,我反而比較推薦指數型基金。另外,如果投資追蹤KOSPI指數或是KOSPI 200指數的指數股票型基金(Exchange Traded Fund, ETF),還可以額外獲得免除交易稅的優惠。

新商業周刊叢書 BW0867

社畜翻身投資筆記
報酬率 32%！靠獨創資金 7 分法滾出 1.5 億，
不怕漲跌、不會賠錢，邁向財務自由

原 文 書 名 ／	세븐 스플릿：
	마법의 계좌 분할 주식 투자 전략
作　　　　者 ／	朴成賢（박성현）
譯　　　　者 ／	徐若英
編 輯 協 力 ／	蘇淑君
責 任 編 輯 ／	鄭凱達
企 畫 選 書 ／	黃鈺雯
版　　　　權 ／	游晨瑋
行 銷 業 務 ／	周佑潔、林秀津、林詩富、吳藝佳、吳淑華
總 　 編　 輯 ／	陳美靜
總 　 經 　理 ／	彭之琬
事業群總經理 ／	黃淑貞
發 　 行 　人 ／	何飛鵬
法 律 顧 問 ／	元禾法律事務所　王子文律師
出　　　　版 ／	商周出版

115020 台北市南港區昆陽街 16 號 4 樓
電話：(02) 2500-7008　傳真：(02) 2500-7579
E-mail：bwp.service@cite.com.tw

發　　　　行 ／英屬蓋曼群島商家庭傳媒股份有限公司　城邦分公司
115020 台北市南港區昆陽街 16 號 8 樓
讀者服務專線：0800-020-299　24 小時傳真服務：(02) 2517-0999
讀者服務信箱 E-mail：cs@cite.com.tw
劃撥帳號：19833503　戶名：英屬蓋曼群島商家庭傳媒股份有限公司城邦分公司

訂 購 服 務 ／書虫股份有限公司客服專線：(02) 2500-7718；2500-7719
服務時間：週一至週五上午 09:30-12:00；下午 13:30-17:00
24 小時傳真專線：(02) 2500-1990；2500-1991
劃撥帳號：19863813　戶名：書虫股份有限公司
E-mail：service@readingclub.com.tw

香港發行所 ／城邦（香港）出版集團有限公司
香港九龍土瓜灣土瓜灣道 86 號順聯工業大廈 6 樓 A 室
E-mail：hkcite@biznetvigator.com
電話：(852) 25086231　傳真：(852) 25789337

馬新發行所 ／城邦（馬新）出版集團 Cite (M) Sdn. Bhd.
41, Jalan Radin Anum, Bandar Baru Sri Petaling, 57000 Kuala Lumpur, Malaysia.
電話：(603) 9056-3833　傳真：(603) 9057-6622　E-mail：services@cite.my

封 面 設 計 ／	萬勝安	內頁設計排版 ／	薛美惠
印　　　　刷 ／	韋懋實業有限公司
經 　 銷 　商 ／	聯合發行股份有限公司　電話：(02) 2917-8022　傳真：(02) 2911-0053
地址：	新北市新店區寶橋路 235 巷 6 弄 6 號 2 樓

■ 2025 年 4 月 8 日初版 1 刷　　　　　　　　　　　　　　　　Printed in Taiwan

세븐 스플릿 (SEVEN SPLIT)
Copyright © 2024 by 박성현 (Park Sunghyun, 朴成賢)
All rights reserved. Complex Chinese Copyright © 2025 by Business Weekly Publications, a division of Cité Publishing Ltd.
Complex Chinese translation Copyright is arranged with FN Media Co., Ltd through Eric Yang Agency

定價：450 元（紙本）／ 350 元（EPUB）　　版權所有，翻印必究
ISBN：978-626-390-451-4（紙本）／ 978-626-390-455-2（EPUB）

國家圖書館出版品預行編目 (CIP) 資料

社畜翻身投資筆記：報酬率 32%! 靠獨創資金 7 分法滾出 1.5 億, 不怕漲跌、不會賠錢, 邁向財務自由 ／ 朴成賢著；徐若英譯. -- 臺北市：商周出版：英屬蓋曼群島商家庭傳媒股份有限公司城邦分公司發行, 2025.04
面；　公分. -- (新商業周刊叢書；BW0867)

譯自：세븐 스플릿：마법의 계좌 분할 주식 투자 전략

ISBN 978-626-390-451-4（平裝）

1.CST: 股票投資 2.CST: 投資技術 3.CST: 投資分析

563.53　　　　　　　　　　　　　114001584